高校体育教学理论与实践研究

张 杰 李洪波 丁焕香 ◎ 著

吉林出版集团股份有限公司

版权所有 侵权必究

图书在版编目（CIP）数据

高校体育教学理论与实践研究 / 张杰，李洪波，丁焕香著. — 长春：吉林出版集团股份有限公司，2023.6

ISBN 978-7-5731-3551-3

Ⅰ．①高… Ⅱ．①张… ②李… ③丁… Ⅲ．①体育教学－教学研究－高等学校 Ⅳ．①G807.4

中国国家版本馆CIP数据核字（2023）第112002号

高校体育教学理论与实践研究
GAOXIAO TIYU JIAOXUE LILUN YU SHIJIAN YANJIU

著　　者	张　杰　李洪波　丁焕香
出版策划	崔文辉
责任编辑	王诗剑
封面设计	文　一
出　　版	吉林出版集团股份有限公司
	（长春市福祉大路5788号，邮政编码：130118）
发　　行	吉林出版集团译文图书经营有限公司
	（http://shop34896900.taobao.com）
电　　话	总编办：0431-81629909　营销部：0431-81629880/81629900
印　　刷	廊坊市广阳区九洲印刷厂
开　　本	710mm×1000mm　　1/16
字　　数	228千字
印　　张	10.5
版　　次	2023年6月第1版
印　　次	2023年6月第1次印刷
书　　号	ISBN 978-7-5731-3551-3
定　　价	78.00元

如发现印装质量问题，影响阅读，请与印刷厂联系调换。电话15901289808

前　言

体育的目标是培养学生强健的体魄，因此必须走体育与健康教育相结合之路，使学生能够明确学校体育健康教学在学校教育和全民健身战略中的地位和作用，正确理解学校体育健康教学工作的目标，提高学生的综合素质。这样，才可以更好地为今后开展学校的体育教学和健康教育工作服务，真正实现学校体育课程改革的目标和要求。

坚持以人为本，以体育健身为主。教育的本质是育人，所以不论在哪一方面都要坚持以人为本。大学生这个时候正是思想最放松、最难约束的阶段，所以老师在教育学生时应该考虑学生的心理。体育是比较容易进入学生心里的一种教育，它将身体上的感觉传达给心理，当学生在极度难过时可以通过体育运动来放松、舒缓自己。体育还可以协调人的肢体，运动得多了，身体的灵活性也就增强了。

教学实践证明，精心创编和合理运用体育游戏，可以丰富体育教学内容，激发学生学习、训练的自觉性和积极性，从而不断地强化学生的身体素质，使其熟练掌握基本技术，提高训练水平，以达到良好的教学效果，保证教学任务的完成。

不论是教学还是教育，都是教师与学生共同努力才可以做到的，高校对体育的认识应该更加深入。高校体育教学一定要顺应时代的发展，使体育成为一个吸引人的科目，让学生在游戏中、在运动中成长，实现让学生强身健体的目的。

目录

第一章 体育与健康 ... 1
第一节 心理健康与体育锻炼 ... 1
第二节 社会适应与体育锻炼 ... 11

第二章 高校体育教学艺术研究 ... 20
第一节 高校体育教学艺术初探 ... 20
第二节 高校体育教学的语言艺术 ... 22
第三节 高校体育课堂教学管理艺术 ... 25
第四节 艺术表现力与高校体育舞蹈教学 ... 27
第五节 艺术审美视角下的高校体育教学 ... 32
第六节 高校体育艺术类课程教学的研究 ... 35

第三章 学校体育课程体系研究 ... 39
第一节 学校体育课程体系研究的理论 ... 39
第二节 学校体育课程的性质与特点 ... 47
第三节 学校体育课程目标是体育课程的核心 ... 54
第四节 学校体育课程内容是体育课程的基础 ... 62
第五节 学校体育课程实施是体育课程的实现途径 ... 81

第四章 体育课程内容资源开发理论与实践……99

第一节 相关概念界定……99
第二节 课程资源开发的研究……104
第三节 体育课程内容资源开发的指导思想……111
第四节 体育课程内容资源开发的范围……120
第五节 体育课程内容资源开发的方法……127
第六节 体育课程内容资源开发的程序……136

第五章 高校体育教学训练方法路径……140

第一节 力量素质和速度素质训练……140
第二节 耐力素质和柔韧素质训练……145
第三节 灵敏素质和协调能力训练……152

参考文献……161

第一章 体育与健康

第一节 心理健康与体育锻炼

现代健康的目标是追求一种更积极的状态、一种更高层次的身心协调与发展。大学生作为一个特殊的群体，其心理健康的状况令人担忧，随着社会的急剧变革以及面临的日益严峻的就业压力，对大学生心理素质的要求越来越高。良好健康的个性心理有利于正确认识和适应复杂社会的生活现实，有利于营造健康和谐的生活，有助于发挥心理潜能，提升创造力。因此，对大学生心理健康的教育已渗透到各门学科。现代医学和体育科学的研究表明，体育锻炼是增进健康之法宝。究竟什么是心理健康？体育锻炼对心理健康的益处表现在哪些方面？本节将对这些问题进行讨论和叙述。

一、大学生心理健康概述

（一）大学生心理健康的概念

对心理健康概念的认识许多学者有不同的观点，较有代表性的有《简明不列颠百科全书》对心理健康的定义：心理健康是指个体心理在本身及环境条件许可的范围内所能达到的最佳功能状态，而不是指绝对的十全十美的状态。日本的松田岩男指出，心理健康是指人对内部环境具有安全感，对外部环境能以社会上认可的形式来适应，即使个体遇到任何障碍和困难问题，心理都不会失调等。第三届国际心理卫生大会认为，心理健康是指在躯体上、智能上、情感上与他人的心理健康不相矛盾的范围内，将个人心境发展成最佳状态。

综合各种认识，并针对大学生这一特殊群体，我们认为，大学生心理健康是指大学生在大学期间应对学习、就业以及处理各种现实问题时应表现出良好的社会适应性，并能充分发挥其身心的各种潜能，在具体的行为过程中所具有的一种持续的积极的内部状态。

（二）大学生心理健康的标准

大学生的普遍年龄一般在 18~25 岁之间，从心理学的观点来看，正处于青年中期。大学生的心理具有青年中期的许多特点，但作为一个特殊群体，大学生又不能完全等同于社会上的青年。心理是否健康一般采用量表测量，其标准不是固定不变的。心理健康标准随着时代变迁、文化背景变化而变化。根据我国大学生的实际情况，评价大学生的心理健康水平应从以下几个标准给予着重考虑：

1. 智力正常

智力，是人的观察力、注意力、记忆力、想象力、思维力、创造力及实践活动能力等的综合，包括在经验中学习或理解的能力，获得和保持知识的能力、迅速而成功地对新情境做出反应的能力、运用推理有效地解决问题的能力等。这是大学生学习、生活与工作的基本心理条件，也是适应周围环境变化所必需的心理保证，因此，衡量大学生的智力是否正常，关键在于其是否正常地、充分地发挥了自我效能，即有强烈的求知欲，乐于学习，能够积极参与学习活动。

2. 情绪健康

情绪健康的标志是情绪稳定和心情愉快。包括的内容有：愉快情绪多于负性情绪、乐观开朗、富有朝气，对生活充满希望；情绪较稳定，善于控制与调节自己的情绪，既能克制又能合理宣泄自己的情绪，情绪的表达既符合社会的要求又符合自身的需要，在不同的时间和场合有恰如其分的情绪表达；情绪反应与环境相适应，反应的强度与引起这种情境相符合。

3. 意志健全

意志是人在完成一种有目的的活动时进行的选择、决定与执行的心理过程。意志健全者在行动的自觉性、果断性、顽强性和自制力等方面都表现出较高的水平。意志健全的大学生在各种活动中都有自觉的目的性，能适时地做出决定并运用确实有准备的方式解决所遇到的问题，在困难和挫折面前，能采取合理的反应方式，能在行动中控制情绪和言而有信，而不是行动盲目，畏惧困难，顽固执拗。

4. 人格完整

人格是个体比较稳定的心理特征的总和。人格完善就是指有健全统一的人格，个人的所想、所说、所做都是协调一致的。人格完善包括人格结构各要素的完整统一；具有正确的自我意识，不产生自我同一性混乱，以积极进取的人生观作为人格的核心，并以此为中心把自己的需要、目标和行动统一起来。

5. 自我评价正确

正确的自我评价是大学生心理健康的重要条件，大学生在进行自我观察、自我认定、自我判断和自我评价时，能做到自知，恰如其分地认识自己，摆正自己的位置，既不以自己在某些方面高于别人而自傲，也不以某些方面低于别人而自卑，面对挫折与困境，能够自我悦纳，喜欢自己，接受自己，自尊、自强、自制、自爱适度，正视现实，积极进取。

6. 人际关系和谐

良好而深厚的人际关系，是事业成功与生活幸福的前提。其表现为：乐于与人交往，既有广泛而深厚的人际关系，又有知心朋友；在交往中保持独立而完整的人格，有自知之明，不卑不亢；能客观评价别人和自己，善于取人之长补己之短，宽以待人，乐于助人，积极的交往态度多于消极态度，交往动机端正。

7. 社会适应正常

个体应与客观现实环境保持良好秩序，既要进行客观观察以取得正确认识，以有效的办法应付环境中的各种困难，不退缩；又要根据环境的特点和自我意识的情况努力进行协调，或改变环境适应个体需要，改造自我适应环境。

8. 心理行为符合大学生的年龄特征

大学生是处于特定年龄阶段的特殊群体，大学生应具有与年龄与角色相适应的心理行为特征。大学生心理健康的标准是一种理想尺度，它一方面为人们提供了衡量心理是否健康的标准，另一方面也为人们指出了提高心理健康水平的努力方向。如果每个人在自己现有基础上能够做不同程度的努力，都可追求自身心理发展的更高层次，从而不断发挥自身的潜能。大学生心理健康的基本标准，是他们能够进行有效的学习和生活。如果正常的学习和生活都难以维持，就应该及时予以调整。

（三）大学生心理健康的现状及主要特征

近年来，各种大学生心理状况的调查对大学生存在不同程度心理问题的比例有不同的报告，大学生存在心理问题的比例较低的调查数字在12%，高的达60%，一般在20%~35%之间。最具权威性的报告当数1994年和1999年的两个报告。1994年原国家教委对全国12.6万名大学生进行抽样调查，其结果表明大学生心理疾患率高达20.23%。在1999年10月召开的全国第六届大学生心理咨询交流会上，一些专家提供了大学生心理问题的分层次调查数据，即真正的精神疾病患者和严重的心理障碍者占大学生总人数的0.7%，一般心理障碍即有轻度心理失调的占6%~7%，一般心理问题，主要是适应问题的占10%左右，三者加起来共计17%左右。有资料表明，目前我国正常人群心理障碍的比例在20%左右。由此可见，随着高等教育从精英教育向大众化教育的发展，当代大学生的心理状况与同龄群体比较其差异并不显著。

从我国大学生心理健康状况的调查资料中不难看出，我国大学生心理健康的状况有下述一些特征：

1. 大学生心理健康水平符合正态分布的规律，多数人是健康的。据湖北大学等校以心理健康的六个特征（生活态度、学习动机、自我观念、情绪状态、自控能力和人际关系等）作为尺度编制问卷所进行的测试，发现接受测查的14个系672名大学生的心理健康水平，是按"中间大，两头小"的正态规律分布的，即大多数学生的心理状况是健康的，心理不健康（包括有心理问题和轻度神经症者）的学生只是少数。

上述调查还发现，大学生心理健康水平随年级上升而提高，特别是生活态度与学习动机两项，年级越高，得分越多。只有人际关系一项在各个年级之间波动较大。这说明我国大多数学生的心理发展是健康的。

2. 大学生心理健康的主要问题是成长和发展中的矛盾。大学时期是个人成长过程中又一次面临新的心理矛盾发生、转化而趋向成熟的时期。这个时期产生的心理矛盾，有环境适应问题，有学习问题，有人际关系问题，有自我观念问题，有恋爱的问题，还有进一步升学和就业的问题，这些问题是每一位大学生都会面临的。

大学生从入学开始，就面临对环境的适应。他们离开了家庭，离开了中学时熟悉的老师和同学，来到了大学这个陌生的环境。新的学校生活、新的学习秩序、新的老师和同学关系都使一年级新生感到生疏一时难以适应，尤其是新的人际关系使他们感到难以适应。入学后的另一个难题，是原有的自我观念面临新的挑战。在中学时，他们都是各自学校的拔尖学生，受到家庭的宠爱、学校的重视和同学们的尊重。渡过了高考难关，他们的自尊心和自信心得到加强，自感是"天之骄子"而不胜自豪。然而，进入大学以后，身处强手如林的班集体中，许多学生原来的优势不再存在。原来是班级的尖子，现在不是了；原来是中学的学生干部，现在也不是了，落差很大，产生了失落感。有的学生感到自卑，开始同别人和集体疏远；有的学生为了博得新的成功和荣誉而努力自我完善,加入了新的竞争行列。大学生又开始了自我观念重新调整的过程,这时正是需要心理辅导的时候。

上大学以后,在学习问题上又产生了新的心理矛盾:有的学生对所报考的学校或专业不满意,有的学生则不适应大学的教与学的方法,有的对自己的专业成绩感到不满意等。到了三、四年级,恋爱问题、择业问题等又成为引起困惑和焦虑的问题。这些问题都影响着大学生的思想和情绪,但又都是大学生成长中正常的心理问题,不属于不正常的心理障碍或心理疾病。

二、大学生心理健康的内容及自我评定

（一）大学生心理健康的内容

关于大学生心理健康内容的研究范围十分广泛,涉及大学生发展的各个方面概括起来大致有以下几个方面:

1. 思想道德与心理健康。在教学过程中通过对学生进行兴趣、动机、需要、情操、理想、人生观、价值观等动力性心理因素的学习和指导,使学生了解需要、动机与人生观价值观的关系,明确培养良好的兴趣爱好是心理发展的起点,合理调节需要,激励健康动机是心理发展的动因,而树立健康向上的人生观、价值观则是心理健康发展的根本。

2. 自我意识与心理健康。通过对大学生自我意识与自信心的心理知识和培养技能的学习和指导,使学生学会准确地了解自己,并树立起坚定的自信心。

3. 人格与心理健康。通过对气质、性格与人格的心理知识和塑造技能的学习和指导,使大学生学会自觉地矫正不良个性,培养健康的人格。

4. 学习与心理健康。通过对大学生进行由注意、观察、记忆、思维、想象等构成的智力心理知识和由兴趣、动机、意志构成的非智力心理知识的学习,并进行学习心理调节技能的指导,使他们迅速适应大学学习生活,并掌握学习的技能。

5. 创造与心理健康。通过创造心理的学习与指导,培养大学生的创造个性,并训练其创造性思维,使他们学会求知创造,并不断提高其创造力。

6. 人际交往与心理健康。通过进行有关待人接物、交往交友的人际关系心理知识与技能的学习与指导,使学生掌握人际交往的原则,养成乐群、合群、益群、友群等心理品质,提高交往能力,通过优化人际关系以提高生命质量。

7. 恋爱及性心理与心理健康。通过进行有关青春晚期成年早期身心变化规律及性心理、恋爱心理知识和应对技能的学习和指导，使之适应身心发展规律，学会自立、自理、自护、自爱、自强、自尊。

8. 情绪与心理健康。通过进行情绪、情感、意志控制等心理知识和调控技能的学习和指导，使学生养成自觉性、果断性、坚持性、自制性等心理品质，增强学生对自我控制的调节和约束能力。

9. 挫折与心理健康。通过学习挫折心理，了解挫折及其情绪反应，锻炼优良的意志品质，培养挫折承受力，并预防大学生自杀。

二、不同运动项目对大学生心理健康的促进策略

（一）体育对心理健康的影响

从已有的研究成果来看，体育对心理健康的积极影响主要表现为以下几个方面：

1. 体育运动能促进认识能力的发展

体育运动各项目都有一个共同的特点，即在运动或高速运动中要求运动者既要能对外界物体（如球、器械等）做出迅速准确的感知与判断，又能迅速感知、协调自己的身体以保证动作的完成。这样的长期运动便能促进人感觉、知觉能力的发展，提高人的反应速度和直觉判断能力，使人变得敏锐、灵活。

2. 提高唤醒水平

唤醒是指身体的激活水平，对唤醒水平的愿望随任务的要求、环境和个性的不同而不同。例如，一个性格外向的人，在舒适的环境中从事一项令人厌倦的工作时他最需要提高唤醒水平。一般认为，体育锻炼能提高人的唤醒水平是由各种感觉信息的输入所造成的。体育活动只有达到一定的运动量才能促进唤醒水平的提高，才能维持对消极情绪的长期控制。相反，在一个舒适愉快的情境中，慢跑只能产生放松效果，不能提高唤醒水平。体育活动对于精神不振、心境较差的人具有显著的治疗和调节作用，可以使其摆脱烦恼，振奋精神。

3. 降低应激反应

应激是指个体对应激源或刺激所做出的反应。目前研究认为，应激反应是一种包含应激源、个体对应激源的评价以及个体的典型反应等因素作用的过程，应激有积极应激和消极应激之分。在生活和工作中，人需要一定程度的应激，这有助于提高生活

质量和工作效率，但过分的应激反应对健康不利。

通过体育锻炼可以降低应激反应是因为肾上腺素受体的数量或敏感性，降低心率和血压而减轻特定的应激源对生理的影响。科巴沙（Kobasa）1985年指出，因为体育活动可以锻炼人的意志，增加人的心理坚韧性，体育活动具有减轻应激反应以及降低紧张情绪的作用。

经常参加体育活动的人更少产生生理上的应激反应，如果有应激反应，也能尽快地从中恢复过来，尤其是从事有氧运动如跑步、轻快的走路、游泳、自行车、舞蹈、跳绳等对人的意志品质影响甚大。

4. 消除疲劳

在从事体育活动时保持良好的情绪状态，中等强度的活动量就能减少疲劳。有研究表明，体育活动能提高最大吸氧量和最大肌肉力量等生理功能，减少疲劳。因此，体育活动对治疗神经衰弱具有特别显著的作用。

5. 增加社会联系

随着我国城镇化建设进程的不断加快，许多生活在城市的人越来越缺乏合适的社会联系机会。体育活动是一种很好的增加人与人之间相互接触的形式。通过与他人的接触，可以使个体忘却烦恼和痛苦，消除孤独感，集体性体育活动能够增加社会满足感。研究表明，体育活动对治疗孤独症和人际关系障碍有显著的作用。

6. 治疗心理疾病

根据基恩（Khan）1983年的调查，1750名心理医生中，80%的人认为体育锻炼是治疗抑郁症的有效手段之一，60%的人认为应将体育活动作为一个治疗手段来消除焦虑症。临床研究表明，通过参加一些如慢跑、散步、徒手操等身体练习能有效地减轻焦虑和抑郁症状，增强自信。除此之外，有关体育锻炼的心理治疗效应还反映在对精神分裂症、酒精和滥用药物、体表体型症状的研究等方面。

对一个健康人来说，进行长期体育锻炼就会有促进心理健康的效益，对于一个患有心理疾病的人来说，这种效益就会更加明显。有一项研究表明进行8周的体育锻炼后，精神病患者的抑郁状况得到了明显改善。另有研究表明，进行有氧练习的学生，其心境状况改善程度比控制组大，特别是那些练习前存在情绪问题的学生其心境状态改善的程度最为明显。人们参加某个项目运动并坚持锻炼，他的生理技能、身体素质将会得到改善，也会相应掌握并发展一些运动的技能和技巧。由此，个体会以自我锻炼反馈的方式传递其成就信息于大脑，从而获得自我成就的认知和情感体验，产生愉快、振奋和幸福感。因此，适宜的体育锻炼能使有心理障碍的个体获得心理满足，产生积极的成就感，从而增强自信心，摆脱压抑、悲观等消极情绪，并消除心理障碍。

就目前而言，这些心理疾病的病因以及体育锻炼有助于治疗心理疾病的基本机制尚未完全清楚，但体育锻炼作为一种心理治疗手段在国外已开始流行。在学生中，通过体育锻炼可以减缓或消除由于学习和其他方面的挫折而引起的焦虑和抑郁等症状，为不良情绪的宣泄提供一种合理有效的手段，防止心理障碍或疾病的发生。

7. 增强自信，完善自我

在体育锻炼和竞赛中，特别是参加个人擅长的运动项目，能在身体完成各种复杂动作的过程中，在与同伴默契配合中，在与对手斗智斗勇的拼搏中，以取得胜利的喜悦中，获得自我满足，提高自信心，并在训练和比赛中不断得到自我完善。

8. 调节情绪，陶冶情操

体育运动对心理健康影响的主要标志之一就是情绪状态，也是人的自然需要是否得到满足而产生的一种体验。情绪几乎参与人的所有活动，对人的行为活动起着很大的调节作用。而体育活动能直接给人带来愉快和喜悦，并能降低紧张和不安，从而调控人的情绪，改善心理健康。伯格（Berger）研究认为，有规律地从事中等强度（最大心率的60%~75%）活动的锻炼者，每次活动20~30分钟，有利于情绪的改善。有些研究人员发现，用力运动可减少情绪上的负担，甚至能减轻因精神压力的偶发事件而造成的心理负担。通过运动行为的替代作用，减轻或消除情绪障碍。在当今比较发达的城市，人们处在快节奏、高效率、强竞争的环境下，心理上会产生一定程度的紧张、焦虑和不安的反映。通过体育运动可以使不良的情绪状态得到改善，心理承受能力得到提高。大学生在从事繁重的学习后，参加轻松活泼的体育活动，如练习韵律体操和舞蹈，在优美的音乐旋律中进行活动，欢快的情绪油然而生，并在思想情操上得到陶冶，使人的精神为之振奋。

总之，体育锻炼不仅能有效地促进智力的发展、调节情绪、培养良好的意志品质、增强自我观念、改善人际关系，增进心理健康，使个体发挥最优的心理效能。

（二）影响体育锻炼产生良好心理效应的因素

影响体育锻炼产生良好心理效应的因素很多，主要有：是否喜爱体育锻炼并能从中获得乐趣，运动的方式、运动项目及运动量是否适宜，体育锻炼是否长久坚持。

1. 喜爱体育锻炼并从中获得乐趣

这是体育锻炼产生良好心理状态的基础。如果对体育锻炼没兴趣就很难从中获得乐趣，就不可能产生满足感和良好的情绪体验。因此，努力学习体育锻炼的有关知识，正确认识与理解体育锻炼的价值与作用，加强课内体育教学与课外体育活动的衔接，培养广泛的体育兴趣对提高体育锻炼的良好心理效应具有重要意义。

2. 体育锻炼的运动方式

按人体在运动中的能量代谢方式，可将所有运动分为有氧运动、无氧运动和混合运动。研究表明，体育锻炼时以有氧活动为主，采用有重复性与有节律的身体活动（如慢跑、游泳、骑自行车、跳绳、健美操等），可以取得更好的愉悦身心的效果。

3. 运动项目

不同的运动项目或不同的运动形式所获得的心理效应是不同的。尽量避免那些激烈竞争项目，可多选择一些以个人进行的项目，这样无论是运动时间、空间、动作节奏等更易于个人控制，锻炼者可更随意、更自由地进行，更容易获得良好的情绪体验。

4. 运动强度及时间

要想获得较好的健身效果，运动强度应以中等强度最佳，即心率控制在最高心率（最高心率=220－年龄）的60%~80%，运动强度过强易产生紧张感和疲劳感，一次锻炼的持续时间应至少20~30分钟；而每次少于20分钟的运动，很可能心理效应尚未出现，身体活动就停止了；而时间过长又可能造成厌倦、疲劳，引起不良情绪。

5. 体育锻炼应持之以恒

身体练习的系统性越强，体育锻炼所产生的良好心理效应就越明显。只有长期坚持体育锻炼，养成习惯，才可获得良好的健身效果。

（三）不同运动项目的心理健康促进的价值

对个体来说，参加体育锻炼能否取得良好的心理效应关键在于其是否能从活动中获得乐趣并感到愉悦。运动愉悦感是一种积极的情绪体验，如果活动参与者不能从体育锻炼中体验愉悦，个体就很难持久地坚持下去，体育锻炼就很难产生积极的心理效应。研究表明，体育锻炼中体验到的愉快感具有直接的心理健康效应。对那些长期参加体育锻炼的锻炼者来说，愉悦感是他们能够坚持下来的主要原因。

1. 选择足球、篮球、排球以及接力跑、拔河等集体项目可以帮助孤独、怪癖、不大合群、不习惯与同伴交往的人逐步适应与同伴的交往，并热爱集体。

2. 参加游泳、溜冰、滑雪、拳击、摔跤、单双杠、跳马、平衡木等项目，要求腼腆、胆怯，容易脸红，怕难为情的人不断地克服各种胆怯心理，以勇敢、无畏的精神去战胜困难。

3. 参加乒乓球、网球、羽毛球、拳击、摩托车、跨栏、跳高、跳远、击剑等体育活动,在这些项目面前,优柔寡断、犹豫不决的人任何犹豫、徘徊都将延误良机,遭到失败。

4. 参加下棋、打太极拳、慢跑、长距离的步行及游泳和骑自行车、射击等缓慢、持久的项目,能帮助遇事易急躁、感情易冲动的人调节神经活动、增强自我控制能力。

5. 参加公开的激烈的体育比赛,特别是足、篮、排球等项目,可以使遇事过分紧张,容易发挥失常(如考试)的人在场上形势多变,比赛紧张激烈,只有冷静沉着地对付,才能取得优势。"久经沙场",遇事就不会过分的紧张。

6. 选择一些难度较大、动作较复杂的技巧性活动,如跳水、体操、马拉松、艺术体操等体育项目,也可找一些实力超过自己的对手下棋、打乒乓球或羽毛球等,不断提醒自己"山外有山"。

(四)常见心理问题的体育舒缓方法

1. 急躁、易怒

倘若你发现遇事容易急躁,感情容易冲动,可参加下棋、慢跑、长距离步行及游泳等缓慢、持久的项目。这些体育活动能帮助调节神经活动,增强自我控制的能力,稳定情绪,使容易急躁、冲动的弱点得到改善。

2. 遇事紧张

遇到重要事情容易紧张、发挥失常的学生,可参加公开的激烈的体育竞赛,如篮球或竞技性强的游戏。因为场上形势多变,比赛紧张激烈,只有冷静沉着地应对,才能取得优势。若能经常在这种场合中接受考验,久经"沙场",那么遇事就不会过分紧张,更不会惊慌失措,从而给学习工作带来益处。

3. 孤僻

如果你感觉到自己不合群,不习惯与同伴交往,就应选择篮球、接力跑、拔河等集体项目。坚持参加这些集体项目的锻炼,会帮助自己慢慢地改变孤僻的习性,逐步适应与同伴交往,并热爱集体。

4. 腼腆、胆怯

有的学生胆子小,做事怕风险,容易脸红,容易难为情,那么就应该多参加溜冰、单杠、越过各种障碍物等项目活动。这些运动要求人们不断地克服害怕摔倒、跌疼等各种胆怯心理,以勇敢无畏的精神去战胜困难,越过障碍。

5. 自负、逞强

如果你发现自己有好强、自负的特征,就应该选择一些难度较大、动作较复杂的活动，像长跑、技巧等体育项目。喜欢下棋、打球的话，就尽量找一些实力水平超过自己的对手进行比赛，以不断地提醒自己"山外有山"，万万不能自负、骄傲。

体育锻炼作为心理纠正的治疗方法，还要注意有一定的强度、质量和时间要求。每次锻炼时间在30分钟左右，运动量从小到大，循序渐进，同时还要防止发生意外事故。

第二节　社会适应与体育锻炼

社会适应能力成为衡量大学生健康水平的重要维度，而体育对培养高素质的人才，建立科学、健康、文明的现代生活方式和预防现代文明病的发生都具有重要的作用。本节在阐述大学生社会适应的基本理论的基础上，结合体育的功能价值和体育教学的具体案例，阐述了怎样使学生学会在体育锻炼中崇尚公平竞争的体育精神，与他人友好交往、建立良好的人际关系，怎样通过体育活动，形成良好的团队协作意识。

一、大学生社会适应概述

（一）大学生社会适应的概念及构成要素

适应是源于生物学的一个名词，用来表示能增加有机体生存机会的那些身体和行为上的改变，心理学上用来表示对环境变化做出的反应。根据心理学关于适应的概念，结合大学生群体的心理和行为的特点，大学生社会适应是指大学生为了更好地适应大学生活和将来的急剧变化的社会，而使自己的行为符合社会要求以及努力改变环境以使自己能够获得更好发展的积极的内在的过程。大学生社会适应性是大学生是否健康的一条重要标准，是大学生进入大学后与大学环境相互作用，与周围同学、老师相互交往的过程中，以一定的行为积极地反作用于周围环境而获得平衡的心理能力。具有较强社会适应性的大学生对环境变化应该大都持有积极灵活的态度，能够主动调整自己的身心，在现实大学生活环境中保持一种良好的有效的生存状态。

根据心理学家的研究成果，我们认为社会适应性品质主要由学习适应性、人际关系适应性、竞争环境的适应性、合作能力和挫折耐受力等构成。学习适应性指大学生能够根据学习环境内容和教师的教学方式的改变而对自己的学习准备、学习方式和复习方式等做出调整，包括学习的准备计划、改进学习方法、归因倾向和积极努力的学习态度等。人际关系的适应性是指大学生活实践中，所建立起来的相对稳定社会关系，并能对这种社会关系做出调整，以符合自身发展的需要。竞争环境的适应性是指为了自己的利益和需要而同他人争胜的行为，合作精神是指大学生之间为实现某一共同的目标在思想或行为上相互协调配合的能力。挫折耐受力指学生面对挫折而采取的防御和自我调节方式。

（二）大学生社会适应现状及特征

在现实生活中，一个大学新生离开家乡，离开父母和家庭，步入一个新的生活环境，学习的内容发生变化，生活的方式发生变化，日常接触的社会群体也发生变化。这些变化，都以一定方式影响着学生的心理，造成学生心理上的不平衡和行为上的不适应。在一次对大学新生的调查中发现：有42%的学生反映，由于环境的改变，出现了矛盾、困惑心理。其中一部分学生表现出对现实的失落感。由于中学时教师为了激励学生刻苦学习，考出好成绩，把大学描绘成一个"人间天堂"，学生也将考大学作为唯一的和最终的目标来激励自己在高中埋首苦读。但当跨入大学校园后，突然发现事实并非如此，从而怀念起过去的中学生活。而且一部分学生发觉在中学时站在山顶"风景这边独好"的感觉没有了，在高手如云的新的集体内，昔日那种"鹤立鸡群"的优越感荡然无存，无形中在心理上产生一种失落感。另有一部分学生表现出对专业学习的困惑心理。与中学相比，大学学习具有更多的自主性、灵活性和探索性，进入大学后，他们一时无所适从。有些学生感觉一下子从中学的严格管教中"松了绑"，但又不知如何安排学习，心中感到忧虑、焦虑和恐慌。还有一部分学生表现出对生活及其环境的不适应。进入大学后，由原来依赖父母的家庭生活过渡到相对自立的大学集体生活，心理上产生一种孤独感。

二、大学生社会适应的内容与自我评定

（一）大学生社会适应的内容

1. 角色转换的适应

从一名中学生转变为一名大学生，每一位大学新生都面临着角色的转换，面临着对自我的重新定位。在这种角色的转换过程中，如果自身的行为不能随着角色的变化而变化以符合角色的要求，不能随着时间、环境的不同而进行相应的调整，就可能会出现角色的冲突，从而出现适应不良。例如，有一些同学入校后，首先感到难以适应

的是在班级中地位的变化,因为能进入大学的学生在中学往往是尖子生,并且习惯了"拔尖"的地位,而进入大学以后,各方面的人才聚集在一起,势必使大部分同学失去原来的"拔尖"地位,而成为"一般"甚至"比较差"的成员。这种地位的变化越强烈,他们适应起来就越困难。很多同学在中学时期是学习尖子,可以说,很多人是带着"过去的辉煌"来到了大学,而进入大学后由于人才荟萃,不少人在学习上的优势将会削弱或消失,不再成为大家关注的焦点,大多数同学要从优势角色向普通角色变化,面对新的角色,有的同学发觉自己不管是从学生干部职务还是从学习上都很难再现辉煌,于是便产生一种"挫折感";有的新生由于往日盲目的自信和骄傲,此时便觉得自己落伍掉队,原有的优越感和自豪感变成了自卑感和焦虑感。这一转变很可能引发大学生对自己角色定位的困惑,精神上会出现失落感,自卑、抑郁、退缩等心理问题常常就会发生。

从中学进入大学是人生中一个较为重要的变化,步入大学校园,随着环境的改变,个人的角色也会随之改变,正确地评价和认识自我,及时地进行角色调整,为自己重新定一个恰当的位置和目标,进行新的角色定位和自我角色期待,而不是抱着原来的自我不放,这样才能完成角色适应,顺利地度过大学生活。

2. 生活、环境的适应

陌生的校园、陌生的脸孔、全新的语言环境、崭新的校园内外文化生活,怎样适应新的生活、新的环境,这是大学新生进入校园后首先要面临的问题。对大多数刚踏进大学校门的学生来讲,他们在入学前,对大学的生活、大学的环境都充满了期望,然而理想与现实之间总是会有很大的差距,如果不能及时进行调整,以减少理想与现实之间的冲突,就很容易导致各种心理落差和心理失衡,以致不能很好地适应。

家庭舒适的生活条件,父母的各种关爱,使许多学生缺乏独立的生活能力,他们一旦离开了父母,便感到生活上失去了依靠。对新同学来说,进入大学后,没有了父母、长辈的每日悉心照料,他们首先要独立生活,独立面对生活中的困难,要学会日常生活的打理,要学会自己照顾自己。从一日三餐到个人的生活,一切都要由自己做主,这些会使一部分同学感到手足无措;此外,饮食习惯的改变、生活环境的改变等,导致有的同学会抱怨食堂不可口的饭菜,抱怨集体生活的种种不便,抱怨同宿舍舍友的一些不良习惯;还有一些北方来的同学由于不适应南方炎热、潮湿的气候条件,会有一些生理的不适,从而产生各种心理困扰。这一系列生活习惯和环境的改变都可能使他们感到不适应，从而出现想家、思念亲人、怀念老同学等现象，并由此可能产生各种烦恼，出现焦虑、抑郁、敌对、低落的情绪，严重者会影响心理健康。曾有一位考到外地高校的男生，由于无法面对离开父母照顾的生活，产生了严重的厌学情绪，最后选择了退学，也不愿选择独立面对生活。

面对环境、生活的种种改变和不适应，学生除了要保持积极乐观的心态外，还应该积极寻求外部支持，获得家庭、朋友、同学和老师的帮助，应学会让自己坚强的独立起来，培养自理能力，为自己造就良好的生活环境，科学条理地安排课余生活，保持身心愉快、健康、顺利地投入学习中去。

3. 人际关系的适应

我国心理学家丁瓒教授指出："人类的心理适应，主要是对人际关系的适应；人类的心理疾病，主要是由人际关系失调而来。"对大学生而言，也同样如此。人际关系在大学生活中始终都是影响心理健康的重要因素。人际关系不良，会给大学生带来很多烦恼、焦虑和不安，进而可能产生许多心理问题。有调查发现，在大学一年级新生中有一半以上的同学有人际交往方面的心理困惑，这是大学新生最大的心理问题。

大学校园比起中学更接近于社会，由于大学生来自全国各地，彼此之间的生活习惯、家庭背景、性格、语言都会有一定差别，因此，每个人都会有不同的交际关系。有些学生表现为人际敏感。在大学，来自天南地北、五湖四海的学生会集成一个社会的群体，由于地域与家庭的差异，他们原来各自的生活方式、性格、兴趣、思想观念、饮食习惯等多方面也存在明显差异，在这个大家庭的人际交往过程中，不可避免地会发生一些摩擦、冲突和情感损伤，这一切难免引起一部分心胸狭窄的学生不快。本来他们远离父母就有一种孤独感，一旦出现人际关系不和谐发生其他冲突，这种孤独感就会进一步加剧，从而产生压抑和焦虑。有些学生表现为人际交往心理障碍。因为语言表达能力较差，使得他们害怕与他人沟通思想感情，把自己的内心情感世界封闭起来。这种人经常处于一种要求交往而又害怕交往的矛盾之中，很容易导致孤独、抑郁或自卑。还有些是因为性格上的不合群，他们在学生中不被理解而被排斥，其中一部分人便独来独往，不与他人接触，久而久之就产生一种受冷落或性格孤僻、粗暴等心理倾向。现实生活中，人与人之间都有差异。每个人都有自己的个性、习惯和观点。每个人在人际交往中都会遇到一些不和谐的情况，彼此交往之中会产生各种矛盾冲突或纠葛，要适应，就得容忍差异的存在。人无完人，既要能容忍自己的不足和差错，也要能容忍他人的不足和差错。尊重他人，诚恳和谦虚待人，求同存异，随时调整自己的态度和情感反应，提高自己的人际交往技巧，才能与他人建立起良好的、和谐的人际关系。

4. 学习的适应

上大学是人生一个重要的转折点。有关的调查显示，有60%的新生存在不同程度的学习心理的问题。刚从中学毕业考上大学的大学生，在大学都要经历学习心理与学习方法的适应期，有的同学很快就能适应，但有的同学则适应得很慢。作为大学新生必须有意识地尽快从心理上主动适应大学的学习生活环境，才可望打下成才的坚实基础。大学的学习比中学更复杂更高深，同时也更为自觉、独立。老师的授课方式也不同于以往，大学里很少有人监督你，主动指导你。相当一部分大学生，由于上大学后"动机落差"，如高中阶段唯一目标是考上大学，一旦目标实现了，上大学后就开始松懈自己，没有树立起进步的好目标。自我控制能力差，缺乏远大的理想，没有树立正确的人生观，产生学习动力不足，从而影响学习效率与学习效果。培养自主学习能力，实现由被动学习变为自主学习，有助于适应新的大学学习任务和环境。要尽快适应大学的学习生活，要学会自主学习。这就需要学习具有主动性。自己做时间的主人，有计划地进行学习，能充分利用自习的时间；要善于选择参考书或文献资料，有选择地学习，而不是盲目学习；此外，还要多渠道学习。除在课堂上学习外，能够利用图书馆、资料室的图书资料进行自学，还能够积极参加有关的学术讲座或课外兴趣小组的学习研究，并能够主动拜访老师或同学，争取老师和同学对自己的指导和帮助。另外，要学会探索性学习，要积极参与实践，通过参加一定的社会实践活动，了解社会，增长知识和能力。

学习的目的与动机如果是正确的，学习的毅力就会大大加强。教育心理学的研究表明，学习动机是直接推动学生进行学习的一种内部动力。它是一种学习的需要，这种需要是社会和教育对学生学习的客观要求在学生头脑里的反映，它表现为学习的意向、愿望或兴趣等形式，对学习起着推动作用。因此，大学生有正确的学习动机和目的对适应大学的学习生活是十分重要的。

当大学生真正开始大学生活时，由于生活环境、生活方式、学习内容以及人际关系等的种种改变，使他们每个人都会经历一个时间长短不一的适应的阶段，从不适应到适应，这些改变以一定的方式不同程度地影响着每一个学生的心理。如何缩短适应期，如何克服适应阶段出现的种种心理问题，是每一位大学新生都要面临的重要问题。学会积极适应，维护心理健康，是每一个大学生顺利成长的必要前提。

（二）大学生社会适应能力自我诊断

社会适应能力，指的是一个人在心理上适应社会生活和社会环境的能力。社会适应能力的高低，从某种意义上说，表明一个人的成熟程度。下面的问题能帮助你进行社会适应能力的自我判别。（A. 是　B. 无法肯定　C. 不是）

1. 每到一个新环境，我总要经过很长一段时间才能适应。（　）

2. 每到一个新的地方，我很容易同别人接近。（　）

3. 在陌生人面前，我常无话可说，甚至感到尴尬。（　）

4. 我最喜欢学习新知识或新学科，它给我一种新鲜感，能调动我的积极性。（　）

5. 每到一个新地方，第一天总是睡不好，就是在家里，换一张床，有时也会失眠。（　）

6. 不管生活条件有多大变化，我也能很快习惯。（　）

7. 越是人多的地方，我越感到紧张。（　）

8. 在正式比赛或考试时，我的成绩多半不会比平时练习差。（　）

9. 我最怕在班上发言，全班同学都看着我，心都快跳出来了。（　）

10. 即使有的同学对我有看法，我仍能同他（她）交往。（　）

11. 老师在场的时候，我做事情总有些不自在。（　）

12. 和同学、家人相处，我很少固执己见，乐于采纳别人的看法。（　）

13. 同别人争论时，我常感到语塞，事后才想起该怎样反驳，可惜已经太迟了。（　）

14. 我对生活条件要求不高，即使生活条件很艰苦，我也能过得很愉快。（　）

15. 有时自己明明把课文背得滚瓜烂熟，可在课堂上背的时候，还是会出差错。（　）

16. 在决定胜负成败的关键时刻，我虽然很紧张，但总能很快使自己镇定下来。（　）

17. 我不喜欢的东西，不管怎么学也学不会。（　）

18. 在嘈杂混乱的环境里，我仍然能集中精力学习，并且效率较高。（　）

19. 我不喜欢陌生人来家里做客，每逢这种情况，我就有意回避。（　）

20. 我很喜欢参加社交活动，我感到这是交朋友的好机会。（　）

[评分办法]

1. 凡是单数号题（1，3，5，7……），是：-2分，无法肯定：0分，不是：2分。

2. 凡是双数号题（2，4，6，8……），是：2分，无法肯定：0分，不是：-2分。

3. 将各题的得分相加，即得总分。

35~40分：社会适应能力很强，能很快地适应新的学习、生活环境，与人交往轻松、大方，给人的印象极好，无论进入什么样的环境，都能应付自如，左右逢源。

29~34分：社会适应能力良好。

17~28分：社会适应能力一般，当进入一个新环境，经过一段时间的努力，基本上能适应。

6~16分：社会适应能力较差，依赖于较好的学习、生活环境，一旦遇到困难则易怨天尤人，甚至消沉。

5分以下：社会适应能力很差，在各种新环境中，即使经过一段相当长时间的努力，也不一定能够适应，常常困惑到与周围事物格格不入而十分苦恼。在与他人的交往中，总是显得拘谨羞怯，手足无措。

温情提示：如果你在这个测查中得分较高，说明你社会适应能力较强。但是，如果你得分较低，不必忧心忡忡，因为一个人的社会适应能力是随着年龄的增长、知识经验的丰富而不断增强的。只要你充满信心，刻苦学习，虚心求教，加强锻炼，你一定会成为适应社会的成功者。

三、体育运动促进大学生社会适应能力提高的策略

体育活动本身就是一个社会交往的情境，因为它包含有等级观念、流行时尚、服装潮流、法律精神、基本道德行为规范、商业关系等许多社会交往中常见的要素，它就像一个"价值容器"盛载着社会上主要的、流行的价值观念。在学校教育中，体育课教学和课外体育活动的开展，以及学校对体育的政策，都对学生参与体育活动的社会化过程起很大影响，尤其是体育课教学，除了增强学生体质、增进学生健康外，还教授学生掌握有用的社会知识和陶冶其个性，培养学生优良的道德品行。由于少年儿童在学校逗留的时间长，因此学校教育和同学之间营造的体育运动气氛是体育社会化过程的重要环节。

社会化的过程也是一个角色学习的过程。体育活动中的角色很多，如竞赛者、队员、教练、裁判、观众、组织人员等，而这些角色与现实生活中的一些角色比较相似，因此，通过参加体育活动，个人可以学习和体会现实社会中的各种不同角色，获得相应的经验。

（一）体育运动与大学生合作精神的培养

1.体育运动中的合作形式

在体育活动中，特别是在篮球、排球、足球等集体运动项目中，参与者之间的全

力合作是运动顺利进行，取得良好运动效果和运动成绩的重要保证。体育运动中的合作形式多种多样，有运动参与者个人与个人之间的合作、个人与群体间的合作，还有教师与学生、教练与运动员之间的合作，不同的运动项目、不同的运动情境，参与者之间的合作形式表现也各不相同。在集体运动项目中，如篮球、排球、足球等项目，一次成功的进攻或防守，往往需要通过同队数名队员的积极跳动、传球、掩护等系列战术行为才能奏效。在集体参与的个人项目中，如田径、游泳等，团队的胜利更是取决于每个队员的努力、个人成绩的积累。在比赛场外，负责后勤保障的无名英雄的辛勤劳动以及广大体育迷的呐喊助威，是一种间接合作，也是运动员取胜的重要保证。可见，体育运动需要合作，合作能力是体育运动参与者必须具有的素质，也是通过体育运动可以培养与发展的一种能力。

2. 体育合作的要素

默契、成功的体育合作取决于以下要素：

（1）集体主义观念。在体育运动中，要发扬和倡导以大局为重的集体主义精神。如果运动参与者心中无集体，凡事总是把个人的名利放在首位，他的行为就无法与集体的意愿相符，难以与队友和同伴合作。例如，在足球比赛中，进攻一方将球由中场传到前场右边。如果右边锋是个喜欢出风头的人，一味只想自己射门进球，他就不会把球传给处于最佳位置的队友，将队友"视为观众"，这就是不合作，是个人英雄主义的表现。在体育实践中，一个时时能以全队的整体运动效果为目标的人，才能使个人行为有助于团体所得，使团队的活动有效，获得成功。

（2）体育运动目标。共同参加一项体育运动的人都是有意识的、力图以一定的计划来调节相互的行动。每个人和团队在体育运动中可以具有各种目标，有的是为了比赛获胜（名次），有的是为了在比赛中创造好成绩，有的为了娱乐休闲，有的为了健身，有的重在参与。在运动中，如果合作双方的目标一致，他们在制订运动计划时就易趋向一致，运动中就容易合作，达到默契。

（3）战术意识和战术行为。战术意识是指运动员或参与者在比赛中（包括非正规比赛和游戏）为达到制胜对手、获得成功的目的而决定自己战术行为的思维活动。战术意识强的队员，能在多变的比赛环境中及时准确地观察场上的情况，做出正确的判断且随机应变，从而决定自己的行动，与同伴协调配合。实践证明，合作双方战术意识一致或相近，认识与判断事物就容易趋向一致，行为就容易协调一致，很容易达成默契。

战术行为是为达到特定战术目的而采取的动作、动作系列和动作组合。在集体性运动项目中，全队的战术行为能否协调一致与战术意识密切相关。经常参加集体性运动项目有助于培养良好的战术意识，培养合作精神。

（二）体育运动与大学生竞争意识的培养

竞争与合作相对立，指为了自己的利益和需要而同他人争胜的行为。在竞争的社会情境中，一方的得益会引起另一方的利益损失，而且个人对个体目标的追求程度高于对集体目标的追求程度。竞争观念在现代社会中是一个重要的价值观念，现代社会竞争日趋激烈，竞争既是体育的特征之一，又是体育精神的重要内容之一。现代奥林匹克运动口号"更快、更高、更强"，就是竞争的体现。市场经济社会就是竞争的社会，各行各业的竞争归根到底是人才综合素质（科技文化、思想品德、体质）的竞争，竞争过程也是他们身心素质，各方面知识、能力的自我展示，优胜劣汰的筛选过程。竞争是体育运动的主要特征之一，在体育运动中，时时处处充满着竞争，既有对自己运动能力的挑战，如长跑到达"极点"时，是坚持下去还是半途而废？既有人与人之间的竞争，也有团体与团体之间的竞争，这种竞争，必须讲究良好的体育道德，取胜主要靠自己的能力，而不是通过不择手段地伤害他人来达到。体育运动与保守性格势不两立，强烈的竞争性督促着每一个参与者不断去创新和变革。在体育运动中，不讲门第，不排世袭，不序尊卑。在竞争活动中不承认除个人身体、心理以外的任何不平等。体育运动最讲法治，不徇人情；最讲现实；不论资历，最讲务实；不图虚妄，它以"公平竞争"为宗旨，培养人一些这样的意识和观念：权利和义务、成功和失败、机会和风险，对所有人应该是均等的。通过体育活动的竞争来培养自己积极进取的竞争意识，为日后走出校门，走向社会，投身于激烈竞争的社会，提高思想上的应变准备。

第二章　高校体育教学艺术研究

第一节　高校体育教学艺术初探

高校体育教学艺术作为推动教育事业发展的重要力量,能够提升教学的质量,激发学生学习的热情。本节首先阐明了高校体育教学的基本特征,即审美性、创造性、实践性三者的有机统一;其次分析了高校体育教学的基本功能,从而为高校体育老师开展艺术化教学提供了指导意义。

随着时代的不断进步,人们生活、工作需求的不断增多,对艺术的追求也逐步走上一个新的台阶。高校体育作为一门实践性与理论性结合紧密的课程,要想在教育舞台上持久地走下去,就必须充分考虑其教学的艺术性,它不仅能够提高高校开展体育教学的质量,还能够在一定程度上探索体育教学的奥秘之处,对整个教学体系而言是至关重要的。

一、高校体育教学艺术的基本特征

（一）有机的审美性特征

审美能力的培养对增强高校学生的感知力、提高学生的感性思维能力具有重要意义。高校的体育教学艺术将"审美"融入教学中的每一个环节,为全方位的提升学生的感性能力和认知能力提供了可能。

21世纪是一个强调素质教育、体现艺术内涵的时代,它对高校的教学提出了更高的要求。体育教学作为教学体系中的重要一支,其艺术化的教学方式能够将教学的技能技术与艺术的奥妙结合起来,充分发挥教师自身的魅力,来提高学生对审美的认识,培养学生的审美情趣,从而提高其对体育学习的热情。

（二）丰富的创造性特征

随着时代的进步，创新意识已经成为人们生活中必不可少的一个组成部分，富于创造力的工作和学习有助于推动全社会的发展和进步，也对提高人们的生活水平起到了关键性作用。高校体育教学是一个较为复杂的体系，它对老师的技能技术有较高的要求，同时也规定了老师的教学方式必须多样化、必须能满足学生的需求。高校体育教学艺术具有极大的创新意识，它能够根据学生的不同特点、老师的不同教学方式来进行有机组合，从而培养社会所需的人才和具有创造力的新力量。

（三）完美的实践性特征

只有理论基础，而没有实践能力的教学方式是无法适应时代的发展的；只有以理论为指导，充分发挥实践意义，才能在教育体系中发挥其优势。高校体育教学艺术的另一个体现就是鲜明的实践性特征。无论是从体育教学的流程来看，还是从老师的教学方法来看，都对实践能力提出了很高的要求。例如，高校体育老师在上课前要制订课堂教学计划、整理教学资料；在课堂上需要用针对性的、趣味性的教学方法对学生进行教学；在课后需要根据学生提出的问题来予以细心的解答。

二、高校体育教学艺术的功能形态

（一）陶冶情操，培养兴趣

高校体育教学艺术具有较高的审美性，强调由内而外的和谐美，它一方面对学生学习体育、老师教授体育提供了一个良好的环境，另一方面对提高学生的学习能力、培养学生的学习热情起到了很大的推动作用。

同时，高校体育教学通过艺术化的熏陶让学生在潜移默化中认识体育、探索体育，主动积极地在老师的带动下学习体育。老师通过艺术化的教学方式亲自为学生示范动作，同时亲切和蔼地指出学生的不足之处，从而激发学生进一步学习的动机，让他们在体育学习的过程中培养审美意识、陶冶情操、促进身心健康发展。

（二）转化知识，走向实践

体育的发展历程是漫长的，在原始社会早期，体育就有了一定的雏形；可见，体育是在漫长的历史潮流和时代前进的步伐中逐步走向成熟的，它是人类智慧的结晶，也是历史文化的沉淀。高校体育教学艺术旨在把这些人类智慧的精髓之处进行高度的融合，从而转化成易于学生接受和学习的体育基础知识和技术，使学生在实际生活中充分运用理论知识，并将其运用到实践中去。

体育知识的转化并不是一个过于神秘的过程，它实际上是有迹可循的。高校的体育老师在对丰富的体育精髓进行融合时，要充分考虑学生的特点和个性，同时采取趣味性强、内容丰富的教学方式，通过自身的人格魅力展现出来，从而引导学生在课程中学习，从课程中走出去，实现理论与实践相结合，促进学生的身心发展。

（三）舒缓情绪，快乐轻松

只有轻松快乐的教学环境、舒适有趣的学习氛围，才能最有效地确保教学活动的开展，才能更好地促进学生开展学习计划。高校体育教学艺术可以通过适当的教学方法来减少学生的倦怠情绪、放松学生的身心、舒缓学生的焦虑情绪，促使他们在一个较为轻松的、趣味性较强的环境内进行体育学习，从而充分实现劳逸结合，丰富学生的精神世界。

（四）表现力强，舞台感好

在体育教学中，老师要具有良好的肢体语言，因为只有老师做出规范性的动作，学生才能进行更好的学习，这就对老师的教学艺术提出了要求。高校体育教学艺术要求老师的有形象生动的语言对动作进行描述，有丰富规范的动作对学生进行指导，创造出轻松有趣的环境来促进学生自主学习。

通过艺术化的体育教学方式，让学生感受到学习体育动作就好比是在舞台上表演一样，促进他们发挥自己的想象力，将自己当成舞台的主人去展现、去表演。

在时代的要求下，高校体育老师要想充分发挥其创造力，提高学生学习体育的兴趣，就必须充分认识高校体育教学的艺术化特点，结合学生的特点和自身的情况设计具有趣味性的、艺术化的、高效率的教学方法，为培养学生的审美能力、提高学生的学习热情做出努力。

第二节　高校体育教学的语言艺术

高校体育的教学语言是一门艺术，要上好体育课，除了要把握好大学生的思想脉搏与熟悉教材外，还必须掌握语言艺术，教学中好的艺术语言能充分调动学生的学习兴趣，激发学生的运动潜能，提高教学质量，培养学生体育文化素养，达到终身锻炼的目的。本节从以下几方面对教学语言的艺术性进行探讨。

高校体育教学离不开语言，教学中要求少讲多练。大学生群体理解能力强，要求教师在语言引导上要抓住人心，具有吸引力、感染力、说服力。教学语言经科学设计巧妙应用，能营造活泼、愉悦、和谐的课堂氛围，促进学生积极主动地参与各种体育活动，不仅高效完成教学任务，还能提高学生的体育文化修养。

一、语言

语言是教师向学生传授知识、与学生交流情感的主要方式。在高校体育教学中，除示范外，大量的教学活动都是通过教师语言来完成的。体育教学艺术性很重要的一个方面是语言准确合理表达，特别是生动形象的语言，可使学生产生联想，思维活动能很快地进入一个美妙境界，对提高学生学习的兴奋度及动作定型产生不可估量的效果。高校体育课是以人体运动为主要内容的学科，教学语言有其学科的特殊性，通常分为口头语言和体态语言两类。

口头语言。口头语言是指口头表达的有声语言，在高校体育教学中可分为专业语言、讲解语言、教育语言。

1. 专业语言：常用于发布口令和运用口令进行队列、队形操练及调动队伍，达到提高课堂练习密度，保证体育教学顺利进行，还能培养大学生具有良好的组织纪律和团结合作的战斗集体。

2. 讲解语言：对教学内容、动作要领进行分析和纠正学生在练习中出现的错误动作而采取的讲解说明。

3. 教育语言：高校体育教学中要完成思想、品德、意志、发展个性及终身锻炼的任务，教师不仅通过教学本身的一系列活动使学生受教育，还要通过有针对性的批评、表扬、鼓励、指导、说教等语言进行教育。

高校体育教学语言的范围涉及体育教学中的各个环节，根据它所完成的任务分为上述三个方面，只有在课堂教学中根据情况灵活合理运用，才能在教学中得心应手，高质量地完成教学任务。

体态语言。体态语言是课堂教学中无声的语言，是指师生在交流过程中，传递信息、表达感情、表示态度的非语言的身体特定形势。在体育教学中常用的体势语言主要有仪表、手势、表情、眼神、动作示范等，体育本身就是以身体动作为主的活动。因此，教师在课堂上准确、熟练地运用体态语言辅助教学，能收到良好的效果。

二、语言的艺术性

高校体育教学语言起着组织、教育、讲解等作用。教师的语言准确、精练、专业性强，广泛使用专业术语，能使学生对体育有一个更深一层的认识。高校体育教学语言的艺术性是激发学生兴趣、吸引注意力、提高学习质量、加强锻炼的重要因素，主要体现在语言的针对性、科学性、趣味性、启发性以及语言与多媒体的有机结合。

语言的针对性。高校体育教学在语言运用上，要根据大学生情况和不同的体育项目，使用不同的教学语言，做到"一把钥匙开一把锁"。大学生的知识较丰富，接受能力较强，教师要多使用经过提炼的规范化的教学语言，结合使用生动、浅显明了的教学语言。

语言的科学性。高校体育教学是一门运动科学，科学的语言主要体现在"具体、准确、全面"六个字上。例如，在教游泳过程中，教分解动作时，教师要用具体与准确的语言讲解动作要领，在学生掌握了分解动作要领之后，运用全面语言强调动作的连贯性和完整性。通过由浅入深、由部分到整体的讲解，学生真正了解动作要领，达到调动学生的积极性的目的，从而使学生深刻地掌握每个动作的要领及动作的完整性。

语言的趣味性。高校体育教学的语言要有趣味性。生动有趣的教学语言易引起大学生大脑皮层的兴奋与注意，能使他们留下深刻的印象并强化记忆。例如，教师在做自由泳出发练习腾空动作时用"身轻如燕"来描述，入水时用"鱼鹰扎水"等语言描述，能激发学生学习兴趣及对动作质量的追求，取得较好的教学效果。

语言的启迪性。高校体育教学的语言要能充分调动学生思维的积极性，使其在听课时大脑活动起来。要启迪思维，达到举一反三的效果。教师要多采用生动形象的语言，如在篮球训练课中，用"形如狡兔"形容篮球运动员比赛中的过人及穿插跑动，从而使学生尽快掌握过人技术及跑位战术，并在比赛时能灵活运用所学知识。

语言与多媒体的有机结合。在课堂上，教师通过语言解说后，充分利用多媒体技术，将图、文、声、像等教学信息有机地结合在一起，把各种不同运动技术，以及动作的难点、重点、常见错误动作，制作成课件，通过观看、分析、比较，培养学生的创新思维和能力，充分调动学生的所有感官功能投入学习，达到传统教学无法比拟的效果。

现代教育平台优化了高校体育教学环境，促进了体育教学观念的变革，不仅引发教学理念、教学目的、教学方法、教学互动、教学效果的变化，还使教学语言艺术性产生一系列的变化。高校体育教学语言的艺术性必须建立在科学性的基础上，它不同于文艺语言，它的艺术形式是为教学工作服务的。教师要在认真理解教材的基础上反复思考教学中要讲的每一句话，从而使体育教学朝着最优化的境界发展。

第三节　高校体育课堂教学管理艺术

高校体育课程是大学生必须完成的课程之一，旨在帮助学生强身健体，而对体育专业生而言，体育课程更是十分重要。但现阶段大多体育教师对体育课程的认识程度不深，因此需要加强对高校体育课堂教学的管理研究，挖掘教学管理艺术，提高教学质量。因此，本节以高校体育课程为研究对象，从教学管理的人文艺术和课堂教学艺术两方面切入，探究体育课堂教学的管理艺术。

课堂教学不仅是一种知识的传播方式，同时也是一种教学艺术的展现与创作，特别是对大多数教师而言更是如此。课堂教学艺术有自己独特的魅力与价值，艺术运用得当，就会帮助教师更好地进行课堂管理，完成教学任务，反之则相反。而高校体育课堂教学也有着教学艺术的存在，因此需要高校体育教师关注课堂教学管理艺术，以更好指导教学，提高教学效率。

一、教学管理的人文艺术

人际交往中的人文艺术是在人与人的社交关系基础上形成的科学的、有效的、满足心理需求的人际关系方式，也是人类情商高低的重要展现。良好的人文艺术的应用可以拉近人与人之间的距离，帮助人们更好地沟通。而教育是人际关系的一种类型，因此将人文艺术应用在教学管理之中也是十分必要的。

（一）了解学生个性特点

对传道、受业、解惑的教师而言，教学管理中的人文艺术首先展现在教师能够了解学生个体的个性与特点。这是因为当教师向学生展现出他们非常了解自己的学生时，学生会产生一种被关注与被认可的认知，从而降低对教师的排斥感，获得被需要的满足感，产生一种主动跟随的服从欲望。因此，即使是体育教师，也需要对班级的学生足够了解，也需要像其他课业教师一样，能够清楚知道绝大多数学生的名字，并能够明确名字与学生的对应关系。与此同时，体育教师还应该了解学生的体育特性，特别是体育专业的学生，更需要教师有明确的认知，能够针对性地进行教学指导以满足学生的发展需求。这就是教师应用人文艺术管理的体现。

（二）适时进行关怀鼓励

教师的鼓励关怀行为也是教学管理中人文艺术的直观展现。体育运动不同于其他智力的学科，体育受学生体能、机能结构、承受极限等客观因素的限制与制约，因此对体育教师而言，如何保证学生在自己能承受的极限内继续努力完成学习内容一直是一项困难。而应对这样的教学困难，就需要教师将人文艺术融入教学环节之中，以实现教学的持续性。换句话说，教师要在教学过程中给学生以鼓励与支持，利用口头的语言表扬让学生感受到被认可的满足，从而使学生愿意克服现阶段的困难。特别是在运动过程之中，当学生表现出无法继续想要停止的动作与意图时，更需要给学生足够的鼓励，让学生能够坚持完成运动，实现学生的不断突破与发展。

二、教学课堂的教学艺术

课堂教学也有自己的艺术，也存在着需要特别注意的动作与用语，有着课堂教学专有的艺术用语，而这也是教师需要注意与使用的课堂语言，以帮助教师更好地完成教学任务。

（一）恰当处理师生关系

师生关系的处理一直都是困扰教师的难点，特别是有些教师虽然拥有高超的教学技能，但不擅长处理师生间的关系，也就难以获得长久的职业发展，甚至产生教师职业反感与倦怠的现象，因此如何艺术地处理师生关系就十分重要。而除班主任工作外，其他学科的师生关系更多地展现为教学课堂的师生关系，也就是体育教师如何艺术地完成课堂理答行为。教师要注意对学生的提问回答的艺术性，当学生回答错误时也不能进行严厉的批评，而是要鼓励学生多问，营造活跃的教学课堂。而当学生在课堂教学环节中展现出反感情绪时，也要学会使用幽默的语言进行学习氛围的调动，避免直接的师生语言冲突与权威压迫的处理方式，以进一步恶化教学环境，进而造成师生间矛盾的不可调和。特别是大学生已经形成成熟的价值观念，年轻气盛，容易引发冲突与过激行为，因此容易需要教师以成人看待，注重关系的处理。

（二）注意肢体语言运用

教师肢体语言的运用一直都是教学的艺术形式之一，良好的教姿教态及动作规范可以帮助学生更好地理解教学内容，可以说，教师的肢体语言是在用一种隐性的教育方式进行知识的传播与深化。同大多数知识教授类课程不同，体育教师更多是一上课就背着手站在学生面前，佩戴着秒表、哨子等各种教学工具，整节课便可以进行口述式的教学。而这样的教学方式过于单一，缺乏吸引力，从而造成学生对于体育学习缺乏明显的兴趣，学生上课或学习也只是迫于学分的无奈，而非发自真心地接纳，直接影响着教学的质量与效果。因此，教师要注意在教学过程中应用肢体语言，增加对于教学动作的讲解与展示，使学生主动模仿，积极进行体育学习。特别是高校设立的体育课程类型较多，有太极、花毽、健美操等各种体育项目，因此需要教师进行多次的展示与讲解，而这也是现代高校体育教师缺少的教学过程。

（三）正确看待轻微混乱

大学的体育课堂不同于中学的体育课堂，学生思想已经成熟，因此在具体的教学过程中，学生的自我行为意识较强，容易出现不服从教师管教的现象，因此与单纯的中学生相比，大学的体育课堂更加复杂多变。因此，在大学课堂更加容易出现课堂轻微混乱的问题，并且学生也会用巧妙的语言表现反抗与不满，因此大学教师要正确看待体育课堂中出现的教学轻微混乱的问题，不能采取对待中学生的方式进行强行的镇压与打击，而是要采用艺术的处理方式，借助于幽默的语言进行气氛的调节，避免学生产生直接抗拒的心理，逐渐引导学生主动回归课堂，跟随教师继续完成体育课程的学习任务。体育教师需要注意的是，大学课堂中出现轻微的课堂混乱不代表学生有意反抗，很多时候出于无意识行为，因此教师只需稍加引导便可解决。

高校的体育课程教学也是充满艺术的教学，也需要教师关注技巧的使用，因此高校体育教师要认识到高校生的特点，进行艺术的教学，更好地引导高校生进行体育学习，促进学生发展。

第四节　艺术表现力与高校体育舞蹈教学

随着时代的不断改革和创新以及时间的不断推移，我国与以往的时代进行比较的话，无论是社会经济的发展还是综合的实际国力的提升，都已经有了一种质的飞跃。在这种大环境的发展形势之下，我国广大人民群众的基本生活水平有了非常巨大的提高，但是随之而来的，广大人民群众对于社会中的各项工作也有了更高的要求，而教育事业就是其中的一项社会工作。而且我们都知道，在高校体育舞蹈教学的培养过程当中，其艺术表现力的培养是非常重要的，这样相关的舞蹈者才能将舞蹈中以及自己的意念传达给观众。所以，在本节中我们进行体育舞蹈教学中艺术表现力的培养的重要性进行一定的提及，并且还会针对这一个重要性对必要的分析过程，试图为艺术表现力在高校体育舞蹈教学中的培养提出一些有效的且带有一定的建设性意义的对策。

众所周知，在我国的各项社会工作事业当中，教育事业一直以来都是最受各界关注的一项事业了，从这一点中教育事业的重要性就自然而然地不言而喻了。在高校体育舞蹈教学中的体育舞蹈其实是一种将审美和舞蹈进行了一定的结合之后而产生的运动项目，其中，舞蹈和审美两方面是占据了非常的比重的，因此在高校体育舞蹈教学进行评价的基本标准其实就是其中的艺术表现力了，所以，就目前来说，高校体育舞蹈教学中艺术表现力的培养是非常重要的。而且，进行一定的调查之后我们也能得知，对一个高校体育舞蹈学习者而言，这是一个合适的年纪，在这一个阶段中，如果校方以及教师的教育手段非常到位的话，学生就能在高校体育舞蹈教学中逐渐形成良好的艺术表现力以及技术能力。接下来，我们将对艺术表现力在高校体育舞蹈教学中的培养进行比较详尽的阐述。

一、高校体育舞蹈教学中艺术表现力培养的重要性

众所周知，舞蹈其实是一种具有非常高的审美价值的项目，而在高校体育舞蹈中，则是将体育运动和舞蹈进行了良好的契合，所以说，体育舞蹈除却了人类进行相关的体育活动从而可以获得良好的身体状态的好处之外，同样具有非常高的审美价值，而审美价值的综合考量是依靠舞蹈者的艺术表现力而进行的。在高校体育舞蹈中，需要学生在进行舞蹈动作的同时搭配相关的音乐伴奏，在音乐节奏之下，依靠自身的舞蹈动作来将舞蹈中的意义体现出来，而高校体育舞蹈的质量则是以舞蹈者的艺术表现力作为标准的，如何将自身对于高校体育舞蹈的理解传达给观众也是依靠艺术表现力的，所以在一定的程度上来说，艺术表现力可以直接地决定体育舞蹈的魅力所在。在高校体育舞蹈教学的初期我们其实可以发现，许多学生不是非常关注艺术表现力的发展，舞蹈动作中的伸展、起摆等其实都是依靠大脑记忆和肌肉记忆来完成的，而这种高校体育舞蹈往往是比较生硬的，根本不能体现出舞蹈的意义，观看者也不能察觉到舞蹈的魅力所在。

综上所述，如果可以在高校体育舞蹈教学中对学生进行艺术表现力的培养，就可以使得学生的舞蹈动作能够与音乐节奏以及自身的面部表情产生一定的共鸣，并且对学生进行艺术表现力的培养还能使得学生在一定程度上形成自身的独特气质，而这种比较独特的艺术气质在各种竞赛抑或是表演中都是十分重要的，舞蹈者的气质能够帮助舞蹈者的意识传达，在舞蹈表演过程中可以使得观众有一种感同身受的感觉。另外，高校学生如果可以理解舞蹈中的艺术表现力的话，就会在舞蹈的表演过程中产生自己的想法，从而将整个舞蹈的表现过程进行全面的观察之后，学生可以在一定程度上将自己的形体表现以及音乐类型、节奏进行必要的调整。这种从根本处改变舞蹈的艺术表现力的表达方式也可以说成是一种对高校体育舞蹈的创新。

二、高校体育舞蹈教学中影响学生艺术表现力形成的原因

（一）内在原因

通过一定的取样调查之后我们发现，在高校体育舞蹈的教学中，影响学生的艺术表现力形成的原因并不是唯一的，其中一部分被总结为相关的内在原因，这一部分内在原因的来源具有双面性，其中的一部分来自学生自身，而另一部分则来自艺术表现力本身的特质。所以，为了能够将影响学生在高校体育舞蹈教学中的艺术表现力的原因清晰地表述出来，我们进行一定的区分叙述。

1. 学生自身的内在原因

其实对高校体育舞蹈教学中的学生来说，艺术表现力是一种非常飘忽不定的能力，虽然学生群体能够知晓其大致的意义，但是在实际的高校体育舞蹈的学习当中，并没有将自身的艺术表现力的培养当作是非常重要的一项学习内容，甚至长久下去，学生就会对高校体育舞蹈这一门学习课程抱有侥幸心理，在学习的过程中就会产生得过且过的心态。这种情况不仅严重影响了学生自身的艺术表现力的形成，在一定的程度上也严重地影响了高校体育舞蹈教学的基本教学质量，使得进行学习的学生整个群体都非常难以达到艺术表现力的标准，而这也正是我国目前所有的高校体育舞蹈的成果都比较低下的主要原因。所以，对学生自身的这一点来说，校方以及教师群体要将学生的这种内在的原因进行彻底的改变，才能将如今的现状改变。

2. 艺术表现力的内在原因

在相关的文献记载当中，艺术表现力的内在组成部分并不是唯一的一种，其中包

括相关人员的艺术修养、人文素质以及运动能力等，所以说，艺术表现力的组成成分是比较多的。这也就是说，如果想要在学习的过程中形成一种比较优秀的艺术表现力就要将其中的组成成分进行良好的学习过程，并且能在最后获得良好的表现结果，才能在最终形成优秀的艺术表现力。而且，对优秀的高校体育舞蹈者进行一定的访问之后，我们还发现，如果想要养成自身良好的艺术表现力的话，其中任何一个组成成分都是不能缺少的，也就是说，学生需要在高校体育舞蹈教学中对任何知识以及舞蹈的教学都保持一种认真的态度，一定要跳出传统的学习理念，简单地认为高校体育舞蹈的教学工作中只有实际的运动舞蹈这一方面值得去学习，如果在实际的学习过程中对艺术表现力具有这种想法的话，是非常难以形成自身的艺术表现力的，最终导致高校体育舞蹈的学习付诸东流。

（二）外在原因

在高校体育舞蹈教学的艺术表现力培养的影响原因中，外在原因不仅是种类最多也是最繁杂的一种因素了。其中不仅包括日常学习生活中导师的训练过程，还包括相关的音乐节奏以及动作的编排等。从影响艺术表现力的外在原因的组成部分这一点中我们不难看出，在高校体育舞蹈教学中导师对于学生艺术表现力的养成是非常重要的，因为在影响艺术表现力的外在原因的组成当中，几乎每一个组成成分都是离不开高校体育舞蹈导师的。所以，在高校体育舞蹈教学中要拥有比较优秀的师资力量，导师自身所具备的素质也应该是非常高的，而且这里导师要具备的素质不应该只是专业素质方面。除了专业的教学素质之外，导师还要具有比较好的道德素质和人文素质，因为导师的这两种素质对于学生艺术表现力的形成也是非常重要的。例如，导师的人文素质比较高的话，就能够在高校体育舞蹈课堂中带领学生开阔自身的眼界，学生就会更加向往外界，从而学习的努力程度提高；而导师如果具备比较优秀的道德素质，就能完成学校自身的育人育德的工作，学生形成的艺术表现力也是非常纯净的。所以说，影响艺术表现力形成的外在原因是能够直接地影响到学生的艺术表现力的形成以及最后形成的状态的。所以，相关的教育机构应该具备优秀的师资力量，在实际的教学过程当中，导师也应该时刻关注这些外在的原因进行教学，使得学生的艺术表现力能够在一定的时间内形成。

三、在高校体育舞蹈教学中对学生的艺术表现力进行培养

（一）学生的身体形态方面

其实我们都知道，对学习高校体育舞蹈的学生来说，身体形态是体育舞蹈中非常重要的一部分，其中包括身体的外部形状以及比较独有的特征，在一些静止时间比较长的舞蹈动作当中，学生的身体形态是能够直接地表现出舞蹈的艺术表现力的。而在实际的学习过程当中，导师可以安排高校体育舞蹈的学生在进行正式的学习之前做出一系列的运动拉伸等相关的训练，这样不仅能够实现课堂上的热身要求，还使得学生的身体形态得到基本的培养过程，而事实则证明，学生的身体形态方面的培养对于艺术表现力的形成是非常重要的。

（二）学生的影像效应方面

众所周知，影像其实就是人的视觉以及其他的感知器官在观看了一段影像之后在自身脑海中的再现，对高校体育舞蹈的学生来说，其影像效应方面的能力是非常重要的，因为不仅在课堂上的多媒体课程的学习需要这种能力，在日常的学习生活中也需要这种能力将导师教导的内容在脑海中重现，以便于自身的学习。为了实现学生的影像效应方面的能力增长，导师可以采用实际观摩和多媒体视频教学同步的方式，这种方式往往能够使得学生在脑海中的影像细节非常丰富，学习的过程也将是事半功倍的。

（三）学生的身体与音乐结合的训练

其实，在高校体育舞蹈的学习中，除却舞蹈者自身的舞蹈过程之外，舞蹈过程中的音乐也是非常重要的，如果学生可以将舞蹈和音乐的节奏进行一定的结合的话，就可以在基本的这一环节中将艺术表现力展示出来。所以，学生在学习的过程当中一定要注重音乐节奏和身体动作的结合，而且在一定程度上并不需要将每一个动作都做得非常到位和标准，但是一定要符合音乐的节奏点，使得动作变得优美且有迹可循。

综上所述，就是目前为止的艺术表现力在高校体育舞蹈教学中的相关培养了，在文中我们主要分析了影响艺术表现力形成的原因组成，并针对其提出了一定的解决措施。所以总体来说，我国的高校体育舞蹈相比于比较发达国家来说还是存在着一些不足之处的，希望这一点可以在日后逐渐地被完善，甚至取得一定的突破，使得学生的艺术表现力更加优秀。

第五节　艺术审美视角下的高校体育教学

高校体育教学的开展是在增强学生体质、提高其运动技能的基础上，同时提高学生的审美能力，培养学生具有以形体为主的健康之美、心灵之美以及行为之美。从本质上来讲，体育教学和艺术审美并没有很大的差异，只是体育教学美的创造方法、表现形式以及个人在审美关系中所处的地位是有所不同的。因此，在高校体育教学的过程中，要尽可能地发挥教师的教学艺术，让学生在教学过程中获得美的感受，以及学会创造美。

一、体育教学与艺术审美

体育这门学科，并不只传授强身健体的技能，同时传授的还有艺术审美。从体育的视角来看，每一种以不同形式呈现出来的体育活动都有其艺术审美价值。例如体操，运动员优美的运动技巧配合服饰、时间、空间以及音乐呈现出来的美是一种综合性的艺术之美，是符合人类审美要求的。在运动场上，体操这项运动所呈现出来的体育美，是经过大众的视觉感知得到的，并给大众留下了深刻的艺术印象。体操美与运动员本身的肢体美通过完美结合，呈现出一个个令人陶醉的具有美感的动作。另外，体育教学中呈现出来的艺术审美与体育课堂设计有着密不可分的关系，每一个教学环节都应当进行精心的设计，这样才可以使学生的艺术审美得到有效的提升，让他们在教学过程中学会发现美、欣赏美以及创造美。对于艺术性较强的体育项目，可以采用灵活多样的教学方法，激发学生的好奇心和求知欲；对于娱乐性较强的体育项目，可以采用有趣生动的授课方式，为学生营造一种活跃的课堂氛围，最大限度地实现教学目的。在高校体育教学过程中，教师需要根据不同的情况进行具体的分析，针对不同的现场状况制定相应的体育教学方案，做到内容与形式的统一。

体育教学的过程本就是个审美教育的过程，因此，美育教育应当始终贯穿于整个体育教学过程中。对体育教学而言，体育活动的竞赛规则也是体育艺术审美的重要组成部分，因为其是对运动员进行艺术评判的重要标准。与艺术作品中展现的美有所不同的是体育教学所呈现出来的美其呈现程度和展现角度都不一样，活动的人体是体育教学中艺术审美展现的重要媒介。由此可见，体育教学的美更重视的是人们的审美和感知，这份艺术审美是展现在整个体育运动的全过程中的，是一种运动美和动态美。这是体育教学艺术审美与传统文学艺术、艺术作品所呈现出来的艺术审美最大的不同。

在体育教学过程中，其艺术审美可以从以下三个方面进行审视：第一，对自己的审美有一定的认知，让自己在自觉与不自觉间都具备审美能力；第二，提高对体育审美条件的认识，如掌握竞赛规则等，从而让自己更加具有参与和欣赏体育运动的能力；第三，对体育艺术审美的内容和本质有充分并且深刻的认识，并且将自己的思维活动以及情感都调整到良好的状态，投入地去感受体育运动中的艺术审美。

二、艺术审美在高校体育教学中存在的必要性

体育教学与艺术审美相互渗透。在教育目标、教育媒介和教育途径上体育教学和艺术审美各自具有其独特的特点，但从本质上来讲，这两种教育是相互融合、相互渗透的，在人格结构完善的整体进程中，体育教学与艺术审美是互为手段、互为目的的。通过对学生想象力、理解能力的培养，可以提高其对审美的感知力，从而使学生的情感和心灵得到陶冶和塑造，可以让学生的素质得到整体的提高。

有利于学生正确健美观念的形成。体育教学的本质目的在于帮助学生塑造健美的体魄，但当前的体育教学更多的是为了应付考试，这是因为学生并没有形成正确的健美观念。为了帮助学生形成正确的健美观念，就需要教师通过一些图片资料以及相关运动员的实例来为学生讲解"什么是健美"。对正处于青春期的高校学生而言，健康的身体是成长发育的关键所在，只有身体健壮、体形匀称才能称得上是拥有健美的体魄，才是拥有真正的美。体育教学需要让学生意识到，在日常生活中应该保持正确的坐、立、行的姿势，加上持之以恒地锻炼才可以造就健美的体格。另外，高校学生正处于爱美的阶段，对自己的穿衣打扮比较注重，而健壮均匀的体格是支撑美观大方穿戴的基础。在体育教学中，尤其以女生的健美教育为重，让她们形成正确的健美观念很重要。

三、艺术审美要求下高校体育教学的发展

体育教师应注重教学的语言艺术。体育教师的作用应该是标准化、科学化和艺术化的，在授课的过程中应该注意语言的节奏，尽可能用幽默、形象的教学语言。教学语言必须使用标准化的现代汉语，即普通话，这是完成体育教学任务，提高教学效果的必要条件。科学语言要求教学语言简洁明了，要准确地表达教学内容，达到一个层次，

教学语言要注重艺术性，吸引学生的注意力，培养学生的学习兴趣，让课堂气氛更加活跃，激发学生的求知欲和勇于拼搏的精神。形象的语言可以使抽象变得更加具体，让无聊变得更加有趣，使学生可以通过一个美丽和生动的形象，主动、自觉地接受体育教育，在轻松愉快的氛围中培养学生的想象力和创造力，让学生在潜移默化中受到思想和知识教育。可以看出，幽默而有趣的形象化语言可以将"死水"变成"活水"，将"分离"变为"组合"，有利于在体育教育中形成和谐的状态，拉近师生之间的距离，从而使预期的教学效果得以达成。

体育教育应注重教学的奖惩艺术。在体育教育中，通过奖励和惩罚来刺激艺术，让学生身上的潜力得到最大限度的开发，发挥学生身体和精神上的可能性，通过激励可以有效地控制学生的行动，让教学任务得以完美达成。社会心理学认为，人的情感是由各种自然和社会需求引起的，根据学生的性格特点，应进行相应的奖励或者惩罚。现代行为科学认为激励原则主要包括三个方面，即需要论、期望论和强化论。人的需要关系到人的行为，而行为同样也会影响人的需要。期望论认为，人的努力程度取决于对他激励的大小，即激励 = 期望值 × 效价，这里的期望值指的是个人对于自己行为效果的概率估计，效价指的是行为结束后是否满足个人的需要的程度；强化论是指在行动后继续加强这样的行动，如赞赏、奖励、晋升等是积极的加强，而否定和处罚则是消极的强化。只有当积极强化和消极强化合理运用时，才能达到预期的最佳激励状态。

体育教学通常是以学生喜欢的肯定、表扬、奖励等积极强化的激励形式，因为这种形式让学生的精神需求得到了满足，学习成绩得到了认可和尊重。但是，为了达到更好的效果，还应该注意学生的个性特征，因人施教。在做比较困难的练习时，他们常常因为害怕困难而缺乏自信。教师可以安排长期和更多的实践任务，发扬其细心、谨慎和深刻的经验特点，优先表扬和鼓励，加强保护和帮助，降低动作难度，如降低跨栏高度和跳高等。让一些相对较弱的学生在经过同学示范和帮助之后可以完成动作，这可以很好地增强其自信心。

总之，在体育教学过程中应当注重教学的奖惩艺术，要注意内容、形式和方法的多样性和艺术性，营造适宜的奖惩心理氛围，充分发挥奖惩激励的杠杆作用，调动学生学习的积极性和主动性。

体育教育应重视教学的调控艺术。在学习过程中，学生面对着许多复杂的外部事物，导致他们思维活跃，对知识充满了渴望，因此需要教师用语言来启发学生，满足他们对体育科学知识的渴望，根据体育教学的特点，加强对理论知识和技术动作的学习和掌握，调动学生的积极思维，增加科学思维的难度，使学生在生理和心理上通过进行持续的体育锻炼，始终处于适当的紧张状态，为主动学习或练习创造一个特定的环境，通过提问等语言设计，激发积极的思维，培养分析和解决问题的能力。

在艺术审美视角下发展高效体育教学，不仅可以让学生拥有更强壮的身体和更高超的体育技能，同时也能让学生的身体形态变得更加优美，让学生在体育教学的过程中，心灵得到净化、情操得到陶冶，实现身心的完美统一。

第六节 高校体育艺术类课程教学的研究

随着我国高校体育教育越来越受到重视，如何培养学生的综合素质，应当成为高校体育教学的重要目标，特别是在"立德树人"教育目标的指引下，应当积极探索高校体育教学有效模式。体育艺术类课程是体育课程的一个新出现的分支，由一系列"体育艺术"项目组成，不仅有利于增强学生的身体素质，还能够培养学生的艺术能力和文化素质，因而应当更加重视艺术类课程教育，将其作为高校体育教学改革的重要内容，积极探索，大胆实践，推动体育艺术类课程教学取得更好的成效。

一、高校体育艺术类课程教学的重要性

高校体育艺术类课程包括花样滑冰、体育舞蹈、健美操、艺术体操、啦啦操等多种项目。从这些项目来看，不仅具有很强的运动性，而且具有很强的艺术性，在当前高校体育教育改革的背景下，加强体育艺术类课程教育具有十分重要的价值。通过加强艺术类课程教学，能够推动高校体育教学改革，其中至关重要的就是艺术类课程具有多元化的特点，与传统的体育项目不尽相同，艺术类课程不仅可以培养学生的体育意识和体育素养，还能够培养学生的文化素养、审美能力和创造能力，这也是"立德树人"的重要目标，同时也是高校体育改革的重要方向；通过加强艺术类课程教学，能够促进学生全面发展，当艺术类课程走进高校体育课堂的时候，也是促进学生全面发展的开始，通过加强对学生艺术类课程的教育和引导，能够使学生深刻认识体育艺术类课程的重要性，并且引导学生更多地参与到教学当中，既有利于培养学生兴趣，也有利于学生树立终身体育艺术，促进学生身心健康。

二、高校体育艺术类课程教学存在的问题

从当前高校体育艺术类课程教学的整体情况来看，随着高校体育教育改革的持续深化，很多高校已经开始重视艺术类课程教学，而且符合学生的实际要求，80%以上的学生认为体育艺术类课程符合自己的兴趣，而且能够培养身体素质和心理素质，特别是强化了自身的审美能力。但当前一些高校在开展体育艺术类课程教学的过程中，还存在很多问题，在很大程度上限制了体育艺术类课程教学的深入开展，应当采取更加积极有效的措施进行改革和创新，使体育艺术类课程教学步入新的发展阶段。

（一）教学内容缺乏多元化

由于高校体育艺术类课程涉及方方面面，在开展教学活动过程中，应当根据学生的实际情况，不断拓展教学内容，使其能够满足学生需要。但从当前我国一些高校开展高校体育艺术类课程教学的实际情况来看，普遍存在教学内容缺乏多元化，特别是很多高校缺乏对学生积极性和主动性的调动，高校体育艺术类课程教学内容没有很好地体现学生的意愿和个性，体育艺术类课程相对较少，很多学生都认为无法满足自身的实际情况。还有的高校体育艺术类课程教学内容安排不够科学，基本上都是由教师进行安排，学生自主选择的机会相对较少，而且很多体育艺术类课程教学缺乏特色和针对性，尽管学生也在学习和训练，但很多学生并不是发自内心地学习，被动学习的效果相对较差，这一点需要认真改进。

（二）教学方法缺乏创新化

创新是进步的灵魂。要想使高校体育艺术类课程教学取得更好的成效，一定要在教学方法上进行改革和创新，确保取得实实在在的效果。但从当前一些高校体育艺术类课程教学情况来看，教学方法缺乏创新，传统的灌输式教学方法仍然占据主导地位，缺乏对学生的有效引导，互动教学、激励教学等方法还没有得到有效的应用，学生的主体地位发挥不够，导致学生兴趣不高。例如，某高校通过对体育艺术类课程教学情况进行调查发现，80%的学生认为由于教学方法缺乏科学性，导致在艺术类课程学习的过程中出现了不优美、不协调的现象，很多学生反映无法跟上音乐的节奏。还有一些高校体育艺术类课程教学缺乏对学生自信心的培养，特别是在社会交往和创造力方面的培养相对较少。

（三）教学模式缺乏持续化

高校体育艺术类课程教学是一个持续的过程，需要学生对此形成认知，进而使其学习积极性、主动性和创造性得到显著提升，但一些高校由于教学模式不适应体育艺术类课程的需要，导致教学模式缺乏持续性。例如，很多高校在开展体育艺术类课程教学的过程中，缺乏对"体育艺术"文化氛围的营造，没有正确处理好课内教学与课外教学的关系，体育艺术类课程课外教学活动相对较少，理论与实践、课内与课外、个人与集体的有效融合不够到位，导致一些学生在学习体育艺术之后就出现了"搁置"。由于缺乏持续性，体育艺术不能对促进学生全面发展、形成终身体育意识具有支撑性。

三、高校体育艺术类课程教学的优化策略

对高校体育教学来说，除了要促进学生身体素质的提高之外，还要高度重视培养学生的综合素质，特别是要按照"立德树人"的目标，将体育艺术类课程教学作为重中之重，针对解决存在的突出问题，积极推动高校体育艺术类课程教学改革、创新和发展，使高校体育艺术类课程教学取得新的更大的成效，最大限度地培养学生综合素质。

（一）拓展高校体育艺术类课程教学内容

高校体育艺术类课程教学的开展，应当进一步拓展教学内容，使高校体育艺术类课程教学更具有多元化。体育艺术涉及面广，学生的兴趣爱好也不尽相同，因而应当坚持"以人为本"的教学理念，把学生的需求作为导向，切实加强对学生需求、学生兴趣等诸多方面的调查和分析，并且根据学生的实际情况对教学内容进行科学设计。如健美操这一个项目种类丰富多彩，我们可将健美操分为一般健美操班、拉丁健身操班、街舞健身操班、器械健美操班等，满足更多学生的实际需求。在体育艺术类课程教学设计方面，应当更加重视对学生核心素养的培养，除了要开展理论教学之外，还应当在艺术审美、礼仪、气质、思想、文化等诸多方面进行设计，不仅能够使教学更具有融合性，同时也能够培养学生综合素质。

（二）创新高校体育艺术类课程教学方法

科学的教学方法可以达到事半功倍的效果。在开展体育艺术类课程教学的过程中，教师应当把创新教学方法作为重要策略。在具体的教学过程中，应当从"兴趣教学"入手，培养学生学习体育艺术类课程的兴趣，进而循序渐进地培养学生的专业素质。还要高度重视理论教学与实践教学的有效结合，不仅要加强对学生的专业化训练，也要让学

生多参与一些具有"表演性"的活动，培养学生的表现能力和表演能力，强化学生的社会实践意识。要把基础训练与提高训练进行有效的结合，根据不同学生的不同情况，对于具有较好基础的学生，应当加强对其专业化训练，使其能够在体育艺术方面更上一层楼。总之，对开展体育艺术类课程教学来说，一定要改变传统的教学方法，运用现代教学理念，通过培养学生兴趣、加强实践锻炼、强化素质提升等促进体育艺术类课程教学取得更好的成效。

（三）改进高校体育艺术类课程教学模式

要把促进体育艺术类课程教学可持续发展作为重要的方向，积极探索符合体育艺术类课程的教学模式，使体育艺术类课程教学能够发挥更加积极的作用。要把体育艺术类课程教学与校园文化建设紧密结合起来，积极营造"体育艺术"文化氛围，既要加大宣传力度，同时也要利用学校的各种大型活动，使学生有展示自我的机会。要高度重视"体育艺术"社团组织、俱乐部建设，使更多的学生能够通过这样的形式学习和研究"体育艺术"，并且能够通过社团组织和俱乐部参与一些演出活动。要高度重视教学模式创新，运用科技信息化手段开展体育艺术类课程教学活动，比如可以将一些教学资源上传到校园网，学生可以通过校园网进行自主学习。

开展高校体育艺术类课程教学是不断落实高校体育教育改革的需要，是实现"立德树人"目标的重要举措，更是培养学生综合素质的有效措施。在新的历史条件下，应当更加重视高校体育艺术类课程教学工作的深入开展，积极探索有效的教学体系和教学机制，重点在拓展高校体育艺术类课程教学内容、创新高校体育艺术类课程教学方法、改进高校体育艺术类课程教学模式等诸多方面进行改革和创新，努力使高校体育艺术类课程教学步入科学、健康、持续发展轨道。

第三章 学校体育课程体系研究

第一节 学校体育课程体系研究的理论

任何研究都是建立在一定理论基础之上的，课程研究的理论基础是课程在产生和发展过程中赖以存在的基础。这些理论基础为课程研究提供了方法论指导，同时提供了许多重要的概念和基本原理。目前，学界较为公认的课程研究的理论基础主要包括哲学、心理学和社会学这三大学科。体育课程研究属于课程研究的一部分，体育课程研究同样离不开哲学、心理学和社会学理论的支撑，同时体育课程的研究还依赖体育的学科基础以及不同社会背景下的相关理论体系。

一、学校体育课程研究的哲学基础

哲学是任何学科研究的根本理论基础，阐明了人们关于整个世界的各个基本问题的认识，指明了人类社会生活的前途和方向，为人们思考和探索各种问题提供了基本的思想前提和方法论，为人们分析和解决各种问题提供了基本的价值、信念和态度。

（一）哲学在课程研究中的作用

1. 哲学是课程研究的知识母体

课程研究根植于人类的知识体系之中，哲学是人类知识的母体，人类知识来源于哲学，存在于哲学，并在哲学范畴中得以发展。

首先，哲学是课程研究最早的知识来源。人类知识的发展过程是一个不断丰富和扩展的过程。在古代，人类知识没有产生分科时几乎都包揽在哲学中。例如，孔子关于课程的许多论述，尤其是关于教育目标、学习内容、学习方式的论述，都散见于他的哲学思想之中。柏拉图的关于教育目标、学习内容、课程等的论述，大都存在于他的哲学论著《理想国》中。近代，人类知识进入分化阶段，各个知识领域逐渐独立于哲学之外，形成独立的学科，教育学也在此种情况下形成。捷克教育家夸美纽斯的《大教学论》，德国教育家赫尔巴特的《普通教育学》代表着教育学独立的开端与确立，其中都有关于课程问题的阐述。而20世纪早期，杜威的《儿童与课程》、博比特的《课程》，则标志着课程作为独立的专门领域的诞生。因此，课程研究最早是以哲学为知识来源的。

其次，当今的课程研究仍然在哲学的范畴中，受哲学的指导。哲学是关于整个世界最具概括性、最一般、最抽象的知识，为其他各门学科的研究提供思想框架和指导。课程研究中的许多思想、价值观念、信念、方法论等都来源于哲学。

2. 哲学是课程实践的基础

课程研究以课程实践为现实基础，课程的三个方面——开发课程、理解课程和实施课程都是以哲学为基础的。课程开发要符合社会对人的需求，要选择最有价值的知识，要指导和评价学生的学习；人们要理解课程的价值观念、思想基础、形成原因等，都建立在哲学基础之上。课程理解最有效的途径是哲学，教师要积极有效地实施课程，就必须深刻、全面地理解课程的各个方面，并理解课程实施与课程决策、课程设计的关系，理解课程实施者的角色和地位，理解课程的文化属性，这些都必须建立在一定的哲学思想基础之上。

3. 哲学为课程研究提供方法论

课程研究要借助一定的方法论才能进行，哲学作为一种方法论指导人们如何看待课程中的种种问题，如何对各种问题采取适当的具体的研究方法并选择恰当的研究取向和研究范式，如何选择恰当的思维方法等。18—19世纪早期的德国流行思辨哲学，赫尔巴特的课程研究受此影响而带有思辨性；19世纪末20世纪初博比特、查特斯、泰勒等人的课程理论受西方哲学界科学主义思潮影响，强调客观性、普遍性、价值中立性和程序化等；后来的人文主义思潮突破了科学主义的观念，强调自然性、具体性、情境性和整体性，因而课程研究的许多领域产生了人文主义倾向。

哲学中的思维方式也深刻影响着课程研究的思维方式。近代西方占重要地位的二元对立思维方式深刻地影响着课程的研究，课程的主体与客体的划分、教师与学生的主客体地位之争、知识与能力之争等都是这种思维方式的具体反映。这种思维方式在当前的体育课程研究中也具有广泛影响。另外，系统论属于一种整体的思维方式，在当前的体育课程研究中也得到了较广泛的运用。

4.哲学为课程研究提供思想基础

任何学科领域的研究都有其思想基础，其中最主要的是哲学。以一定的哲学观为基础，往往会形成一定的课程理论体系。哲学中人性观、社会观等是确定教育目标的最根本依据；哲学中关于知识的性质、知识的价值、知识的分类观点等是学习内容的重要理论基础；哲学中关于认识的来源等观点问题是确定学习内容与学习方式的重要理论依据。一种重要的哲学流派诞生，往往都会促使一种相应的课程理论体系产生。

（二）哲学基础在课程研究中的运用

首先，课程研究要融合多种哲学思想。哲学思想对课程研究具有重要的支撑作用，课程研究一般都以一定的哲学思想为基础，根据一种哲学思想建立一种课程体系，这种情况持续了漫长的岁月。然而，坚持一种哲学思想会带有一定的理论偏见和信念偏见，会导致理论与实践上的偏颇。例如，20世纪初期到中期的美国，人们分别以进步主义教育哲学、改造主义教育哲学、要素主义教育哲学、永恒主义教育哲学和存在主义教育哲学为基础，建立了彼此不同甚至彼此孤立或对立的课程研究体系，造成了课程理论与实践的混乱。由此可以看出，一种哲学思想仅仅是反映事物的某一侧面并加以强调，具有片面性。只有将多种哲学思想融合在一起，才能完整地反映事实和文化的价值，给人以完整的指导。

其次，要将哲学思想融入课程的各个组成部分。课程研究接受哲学指导，哲学思想也必将融汇在课程的各个构成要素中。课程各构成要素的研究都要以哲学为基础，无论是课程目标、课程内容、课程实施以及课程管理和课程评价都要以哲学思想为指导，才能充分发挥哲学在课程研究中的作用。

最后，要理性看待哲学本身的问题。课程研究以哲学为基础，但是并不是对哲学毫无判断的照搬，毫无加工的利用，在坚持课程研究的哲学基础的同时，要认识到哲学的局限性，要历史地、发展地看待哲学思想，做到在继承的基础上进行哲学上的改进和创造。

（三）哲学基础在体育课程研究中的运用

哲学是课程研究的起点，为课程研究提供方法论和思想基础，学校体育课程研究同样建立在哲学基础之上。学校体育课程研究要整合各种哲学思想，以马克思主义哲学思想为基本指导，整合中西方历代各流派哲学思想之精华，把握各流派哲学思想之间的共同点和差异性，结合我国体育课程改革背景与实践，充分发挥哲学理论基础的重要作用。体育哲学是体育课程研究的起点，是体育课程构建的基础，为体育课程思想的确定、体育价值观的形成、课程的理念和目标的制定、课程的价值判断、课程决策和实施指导等提供重要的理论支撑。进入21世纪，体育课程应当增加更多的人文关怀，体育课程的理念和目标更要增加人文关怀，科学人文主义成为体育课程理论的重要哲学根据。

二、学校体育课程研究的心理学基础

心理学是教育学研究的基础，同样也是课程研究的基础。

（一）心理学在课程研究中的作用

心理学为研究课程主体（学生）的心理提供了依据。课程最终要作用于学生的学习，因此，课程一定要适应学生的心理水平。

首先，课程要符合学生学习活动的一般心理学规律。只有掌握了学生心理学的规律，如记忆规律、思维规律等，才能科学、合理地理解和编制课程，确定课程的难度、抽象的难度等。

其次，课程要符合人的心理发展的年龄特征。一种课程是提供给一定年龄阶段的个体学习的。课程研究必须把握个体心理发展的年龄特征，以提供适合于该年龄阶段的课程。

最后，课程要符合特定学生的个性特征。美国弗雷斯特·W.帕克（F.W.Parkay）等人在其《课程规划——当代之取向》中提出，从人的发展角度规划课程要考虑如下问题：课程是否反映了个体内在的差异以及每个学习者的独特性？课程能否使不同的学习者得到不同的发展？课程是否反映了学习中的连续性？课程规划者在规划课程时是否考虑了学生的发展任务，是否考虑到走向成熟的个性发展以及道德发展阶段？课程能否提供那些早期没有很好完成的任务？当这些任务顺利完成时是否还要继续努力？在人的发展的每一阶段，课程能否及时反映出社会和文化的最新变化？该书还就不同的年龄特征做了具体的课程规划。

（二）心理学是课程组成及课程运作各环节研究的基础

首先，无论是教育目标研究，还是课程目标研究，都是建立在心理学基础上的。无论是布卢姆的教育目标分类学，还是美国心理学家加涅的学习结果分类，都以心理学为依据。泰勒在1949年出版的《课程与教学的基本原理》一书中明确指出：教育目标的来源之一是学习者本身的研究，对学习者的研究最主要的是心理学研究。加德纳（Howard Gardner）提出的多元智力理论也属于心理学研究范畴。

其次，课程内容的研究要以心理学为基础。如何组织学习内容，选择哪些知识和技能、进行什么样的智力训练可以完成对学习者的教育与培养，等等，这些既需要进行逻辑组织，也需要进行心理组织。

再次，课程学习方式研究的最主要基础也是心理学。加涅的累积学习方式、英国的探究学习方式的诸多成果都是在心理学领域获得的。

最后，课程实施、决策以及课程评价等方面也涉及诸多心理学问题。

（三）心理学流派为课程研究提供了直接的思想和理论基础

课程研究需要具备多方面的思想和理论基础，心理学是必不可少的方面。历史上很多的心理学流派都导致了不同课程论思想流派的产生。近代西方形势教育论的一些教育者以官能心理学为基础，认为选择学习内容的基本原则就是看学习内容对官能训练的价值大小；现代西方的行为主义心理学、认知主义心理学和人本主义心理学都被作为课程研究的理论基础，从而形成了与之对应的课程理论。

三、心理学基础在课程研究中的运用

首先，不同心理学流派之间存在互补关系，课程研究的心理学基础应注重多种心理学思想的融合。事实上，很多学者已经注意到了这样的问题，例如加涅就是在吸收了行为主义、格式塔心理学、人本主义以及控制论等观点基础上提出了自己的理论。今天，随着课程研究与心理学研究的多样化、复杂化，更应该融合各种不同的心理学思想作为课程研究的基础。这种融合可以体现在不同方面：不同的心理学思想可以用于不同的具体领域，如课程行为目标的表述更多采用行为主义心理学思想，而学习风格的研究则多采用认知心理学思想；在同一领域、同一问题上也可以运用多种心理学思想，如关于学习者心理特征的研究。分别依据不同的心理学思想构建不同的课程领域或课程类型，并将其整合在一个和谐的体系中，如以动作技能和简单知识为主要内容的课程构建，可以以行为主义心理学为依据；以理论知识、智慧技能、认知策略思维训练为主要内容的课程构建，则依据认知心理学；以情感体验、人生意义、独创性发挥等为主要内容的课程构建则依据人本主义心理学思想。学校体育课程的研究则是融合了这三种情况的课程构建方式。

其次，注意心理学在不同课程研究领域的运用。当前，课程研究已经发展成一种涉及面广、极端复杂的活动，课程各个基本组成部分和具体问题的研究、课程运作的各个环节、课程研究活动的各个环节等都具有各自的特点和需求，需要不同的心理学理论、心理学知识、心理学方法作为研究的基础和依据。

最后，辩证看待心理学自身的问题。心理学不是万能的，它的作用不是无限的，要看到心理学的局限性，要历史地、发展地、深入地看待各种心理学思想。心理学在方法上注重实证、经验方法而忽视思辨方法，在内容上注重具体细节而缺乏哲学的广阔视野。许多心理学思想都是历史的产物，其科学性和真理性会随时间变化发生变迁。课程研究对心理学的运用要深入地看到其作为基础的哲学和文化根源，才能更合理地发挥其学科基础的作用。

四、学校体育课程研究的社会学基础

课程是一个情境化的社会过程，有着重要的社会职能和社会基础，同时，课程与社会、社会现象之间存在密切的联系，课程的产生和发展与社会自身发展存在相互促进、相互制约的关系。

（一）社会学在课程研究中的作用

社会学是课程产生与发展的基础。"人们在现代社会中所创造的历史、社会差异和各种对抗的利益与价值体系，如同它们在现代社会的政府系统或职业结构中被表示出来的一样，也非常充分地反映在学校课程中。同样，课程的争论，无论是暗示的还是明晰的，总是关于社会及其未来社会各种可供选择观点的争论。"由此可以体现出社会对课程的重要影响。可以说，一部课程史就是一个社会的发展史，要解读课程、理解课程、发展课程就必须以社会学为基础。

首先，社会学是研究课程产生的基础。课程是随着学校的产生与规范化、制度化而产生的，是整个社会文明发展的产物，也是整个社会文明发展的一个主要方面。课程的产生以整个社会的发展为背景和基础，包括生产力的发展、社会结构的发展与制度化、社会分工的发展与制度化、文字和精神文化的丰富等诸多方面。

其次，社会学是课程历史发展研究的基础。课程的根源与动力在于整个人类社会，影响课程发展变迁的社会因素是多方面的，主要有社会经济基础的发展、社会结构的变迁、社会生活方式的变化、文化及文化精神的变迁等，其中每一个要素都包含着极其丰富的具体内涵。要研究不同时期的课程，就必须研究相应时期的整个社会甚至社会在不同历史时期的延续性和继承性。

最后，社会学是当前课程改革的基础。课程改革的自觉而有序进行是建立在课程研究基础上的，其重要的基础之一就是社会学。课程改革是以当前中国社会的发展和整个人类社会为基础和前提的，并要满足当代中国社会发展和国际社会发展的需要。因此，课程改革的研究必须结合中国的社会背景和国际背景，同时还要结合中国传统，既考虑全球化的环境问题、人口问题、道德问题等的影响，也考虑中国传统的优劣势。

（二）社会学是课程构成要素和课程运作研究的基础

课程系统内部诸要素包括课程类型、课程知识、课程实施、课程评价等，都打上了社会学的烙印。就课程类型看，潜课程的社会功能在于社会控制；社会如何选择、分配、分类、传递、评价公共教育知识，既反映了社会权利的分配状况，也反映了社会控制的一些原则。课程实施过程中的知识传授进行着社会控制，维系着社会结构；而课程评价是维系社会现状、强化社会制度、准则、价值体系的强有力的机制。

（三）现代教育社会学流派为课程研究提供直接的思想与理论

在西方，教育社会学自20世纪初发展为一门独立学科，并在20世纪50年代后得到迅猛发展，形成了各种流派，最主要的有功能理论、冲突理论和解释理论。

五、社会学基础在课程研究中的运用

首先，课程研究的社会学基础是多种社会学理论的融合。与哲学和心理学基础一样，多种多样的社会学理论的产生（其中包括多种教育社会学理论）在不同方面影响着课程研究的进展，不同流派的教育学社会理论是基于不同的教育和社会现象，或者是同一教育和社会现象在不同时代背景或不同情境中的观点，但其总体上是互相补充和渗透的。比较公认的三大教育社会学流派中，功能理论强调个人对社会适应，是以社会本身的稳定性与合理性为前提的；冲突理论注重社会本身存在的问题和社会变迁；解释理论有助于深刻、全面地连接社会现象及其背后的本质，提供了解释和研究社会现象的有效方法，并提出了深层的社会理念。由此看来，三种理论是从不同的角度来阐释社会的本质与问题，立足点不同，但并不矛盾。

其次，完整课程体系研究的诸要素和课程运作环节离不开社会学的知识与方法。课程目标的制定依赖社会学中关于社会结构、社会理想、价值观念等方面的知识，课程内容研究需要社会学中文化及文化学、社会生活知识等，学习方式的研究需要社会生活方式、行为模式、科技文化等支撑，评价则需要社会理想、价值观念、社会生活方式等方面提供依据。除此之外，社会结构、社会运行机制、社会秩序、社会权利等都对课程研究的各个领域产生影响。

再次，要以整体社会的视野来进行课程研究。课程的产生与发展演变不能脱离社会而独立存在，课程是社会的一部分，它源于社会，并以社会为基础。进行课程研究时，要始终以整体社会的视野思考课程的社会基础是什么、课程的社会来源是什么、课程体现了什么样的社会条件、课程研究需要什么样的社会背景、课程的形成会对社会产生什么样的效果等问题。

最后，与哲学、心理学一样，社会学不是万能的，它具有基础理论支撑作用，但也具有局限性。社会学的研究受研究者社会立场和价值倾向影响较大，因而社会学的理论知识往往缺乏普遍性，各流派也存在各自的问题；社会学的方法存在一定的局限性，它注重调查研究法，但缺乏较高的可靠性，即通过调查的数据有时候是不真实的；一定的社会学知识是对特定社会现实的反映，随着社会的不断变迁，容易变得过时、陈旧。

体育课程作为社会文化的重要组成部分，既受社会政治、经济等方面的影响，又对社会发展产生一定的影响，即保存、传递和重建体育文化。

自 20 世纪初，随着教育社会学的功能理论、冲突理论从不同的视角对学校课程进行了解析。功能理论强调在社会稳定的前提下，学校通过课程设置使学生社会化、理解并接受自己在社会中的位置，而社会就是通过学校课程来筛选学生，完成学生的社会角色定位，最终实现学校课程和宏观社会在结构与功能上的一致；冲突理论把价值体系、思想观念和道德标准都看作是为权力集团服务的，学校活动是为了传递特殊的文化。在冲突理论观点下，体育课程也只不过是一种手段和工具，达到服务权力集团的目的。

体育运动能促进人们健康地生活、身心愉悦地工作；通过体育的法规和规则，体育又约束人们的行为，促使个体产生遵守社会规章制度、道德规范的意识。体育运动本身就是一个团体性很强的社会角色演练活动，个体在运动中感受到角色的各种变化，为以后更加顺利地投入社会提供了平台。因此，体育通过各种运动项目促进了个体的社会化。

第二节　学校体育课程的性质与特点

一、体育运动是身体认知性知识

在探讨学校体育课程的性质与特点之前，首先要确定一个问题，即"体育运动是不是知识"的问题。因为，课程是知识的载体，也是知识传播与继承的基本途径，课程内容来源于人类知识的体系。没有知识，就失去了课程内容的来源，也就没有课程的存在。体育课程是体育文化知识的载体，是以体育运动为主体的课程，没有了体育运动，体育课程也就失去了意义。

在众多情况下，从来没有人怀疑数学、物理、语文是不是知识，但很多人对体育运动是否是知识的问题存在大量的疑问，甚至偏激地认为体育运动就是简单的身体活动，与知识有什么关系？只要会活动，就会参与体育运动。体育课程就是活动的课程、"游戏"的课程、"玩"的课程，殊不知"玩"也是需要特定的知识来支撑的。于光远先生有句名言，"玩是人的根本需要之一，要有玩的文化，要研究玩的学术，要掌握玩的技术，要发展玩的艺术"。"玩"都是如此复杂，何况体育运动？体育运动是规范化的身体活动，是有技术结构要求的身体活动，是具有基本理论支撑的身体活动，而能够出现在体育课程当中的体育运动，更是经过慎重选择之后的内容，绝不是简单的活动、简单的"游戏"、简单的"玩"，在这个意义上来说，体育运动具有科学性，符合知识的要求。

人的认知可分为三种：一是概念认知，是通过对概念的理解而获得知识的途径。语文、数学、历史、地理、物理、化学等学科是以概念认知为主的学科。二是感官认知，即必须通过感官获得知识的途径（我们无法向盲人解释什么是红色，无法向聋人解释什么是交响乐），音乐、美术是以感官认知为主的学科。三是运动认知，是通过各种身体运动体验来形成知识的途径，也是不能由其他的认知途径来取代的。对体育运动的认知就属于人类认知的第三种类型。由此，可以肯定地说，体育运动是与语文、数学、音乐、美术一样，处于同一平台的身体认知性知识。

二、学校体育课程是具有"技能性"的综合性课程

体育作为教育的重要组成部分，对推动我国教育事业的发展，促进教育改革的顺利进行，并最终完成培养具有个性的全面发展的人的教育目标具有极其重要的作用。体育课程体系是学校体育教学中极其重要的一个环节，对体育课程体系进行全面而深入的研究是当前体育教学改革的关键环节，也是体育教学改革的最终落脚点。正是体育教学的重要地位以及学校体育课程体系的重要作用决定了体育课程的性质和特点。

学校体育课程的性质是学校体育课程理论建设和实践研究最核心的问题，究其原因在于它体现了课程的基本取向，指导着课程建设的方向，主导着课程的实践活动，决定了学校体育课程的理念、目标、内容以及教学过程与方法。学校体育课程的性质是由课程的内涵与外延决定的。

当前，体育课程存在两种形态：一种是体育专业院校的体育课程，一种是普通学校教育的体育课程。这两种课程有着本质的区别。体育专业院校的体育课程是为了培养符合体育教学目标、具有体育专业素质的专门人才而选定的完整的学科体系，具有专业性；普通学校教育的体育课程则是为了完成教育目标，促进学生全面发展而设立的课程，具有普及性。本节所讨论的学校体育课程性质指的是普通学校教育体育课程的性质。

关于普通学校教育的体育课程的性质，有以下观点：第一，体育课程属于活动课程，它是以身体实践活动为基本特征，具有活动课程基本属性的学科；第二，体育课程虽然具有较强的实践性，但它又是需要经过严格、系统学习的；第三，体育课程是综合性课程，因为体育课程既具有实践性强等特点，又符合理论与实践相结合的综合型课程形态；第四，体育课程属于学校课程体系中的文化科学基础课程，也称"学术性课程"。

（一）学校体育课程符合活动课程的特点

活动课程又称经验课程，是以儿童从事某种活动的经验为中心而组织的课程。这种课程以发展学习者自身经验为目标，旨在培养具有丰富个性的主体。活动课程具有如下特点：以学习者的兴趣为出发点，强调课程内容对学习者的吸引力，致力于满足学习者的求知欲望、发展其多样化的兴趣；突破"知识中心"和学科逻辑，从学习者的生活经验和心理发展逻辑出发选择课程内容，打破了以系统化的知识为主体编写教材的方式；在课程实施中主张"从做中学"，让学习者通过活动获得直接经验并积累

知识。活动课程有其内在的价值，在我国学校课程体系中，有些课程属于这一范畴，如烹调、缝纫、木工等。这种课程将生活、经验、社会课题以及其他丰富的内容吸收到学校教育中，对于丰富、创造学校教学内容有巨大的作用；但是这种课程不利于文化知识的系统传授，组织和实施的难度比较大、耗费时间比较多，片面强调主体的自发性。从表面上看，它注重发挥主体性，但事实上却限制了主体的发展。

体育课程的外在特征表现为身体运动实践活动，学生作为实践的主体，主要通过身体运动这种外在形式直接参与到体育课程学习中，与此同时还伴随着丰富的认识活动。学生在练中学、学中练，既有身体实践活动，又有心理活动，是身体运动实践与认识活动相统一的课程。同时，体育活动带有竞争性和一定的冒险性，是学生认识自我与改造自我相统一的活动。体育活动是人类挑战自然界、挑战自我进而战胜自然、完善自我的重要手段，参与体育活动就要承受一定的运动负荷，而适宜的运动负荷，可以使人的身体各器官、系统的机能得到提高，加速新陈代谢，从而促进身体发展。因此，体育活动既可以使学生的身体得到全面、积极的锻炼，也可以使其思想、道德、意志、情感、人际关系等方面受到教育。从这些特点来看，体育课程的某些特点与活动课程的实践性强、开放性大，以及自主性和多样性等特点有密切联系。

但是，不能因为这些相似之处就简单地认为体育学科就属于活动课程的性质。因为从以上分析来看，体育学科还有自身的特点。从活动课程的编排和教学实践来看，体育学科课程与活动课程的性质还不完全一样。特别是活动课程目标的社会性，以及教学组织、对教师和学校条件的要求等方面，有其不好克服的弱点，因此，完全按照活动课程模式设计体育课程是不理想的。

（二）学校体育课程符合学科课程的特点

这种观点是从课程分类的角度来探讨体育课程的性质。学科课程是以文化遗产和科学为基础组织起来的各门学科最传统的课程形态的总称。各门学科都有其固有的逻辑性和系统性，是独立、并列地编成的。这种课程从易到难排列教材，符合儿童发展的阶段特征，并且注重学科的体系。根据这种课程开展的教学，一般称之为"系统学习"，是受广大教师支持的具有悠久传统的科学主义课程的一种。其优点在于：按照学科组织起来的教材，可以系统地授受文化遗产；通过学习逻辑地组织起来的教材，可以最大限度地发展智力；以传授知识为基础，容易组织教学，也容易进行评价。其不足之处在于：由于所提供的教材注重逻辑系统，因此在展开教学时，容易重记忆而轻理解；在教学方法上偏重知识传授，而忽视儿童社会性的发展和身心健康；教学方法单一，无法充分实施适应能力、个别化教育。

把学校体育课程确定为学科课程，是把体育作为科学看待，认为体育是一门学科，既涵盖体育的科学理论，也包括运动科学实践活动。在课程设计过程中，以体育的科学理论和实践为依据，根据教育的需求和不同年龄阶段学生身心发展规律与特点，选择和排列适当的教学内容，形成体育学科体系，以达到学校教育的目标。这种课程设计通过长期教学实践，在课程目标、教材分类、内容排列、考核评价等方面不断改进和完善，形成了较为系统的课程体系。

学校体育课程作为学科课程，其优点是：第一，课程计划给予学科课程以重要的保证，中华人民共和国成立以来，体育学科的授课时数一直居于重要的地位（小学排语文、数学之后居第三位，中学排语文、数学、外语之后居第四位）；第二，承认体育是一门学科，并按照学科课程模式加以设计，有利于确立体育在学校教育中的地位；第三，学科课程模式对于科学、系统地安排教学内容，保证全体学生掌握基本的和系统的体育知识、技术、技能有重要的作用；第四，多年来形成的体育学科教学论体系，使体育教师已习惯于按学科教学模式组织、实施体育教学。

而其不足之处在于：过分强调体育知识、技术的系统性和完整性，造成教学内容偏多，课程设计考虑学生的实际需要与兴趣不够，特别是如何培养学生能力，并与终身体育目标相联系，在教材中也难以体现。

（三）学校体育课程符合综合性课程的特点

将学校体育课程确定为综合性课程，是从体育的科学属性角度来探讨体育课程的性质。

首先，体育具有社会科学的性质。体育是一种社会文化现象，是构成社会文明的重要组成部分。从社会文化角度研究体育，涉及哲学、社会学、文化学、历史学、人才学等社会科学。因此，体育具有社会科学的性质。

其次，体育具有自然科学的性质。体育运动作用于人，要科学地促进人的身体发展，因此要运用自然科学的知识，如人体生理学、人体解剖学、保健学、营养学、卫生学以及运动生物化学、生物力学、体育统计学等。故而，体育又具有自然科学的性质。

体育作为社会文化现象最终作用于人，要运用自然科学、社会科学的理论与方法完成教育任务，因此体育是一门综合学科。

科学与学科既有区别又有联系。学科是为了教学的需要，而把一门科学的内容加以适当的选择和排列，使其适应学生身心发展的阶段和某一级学校教育应达到的水平。这样依据教学理论组织起来的科学知识的完整体系，就称为学科。体育学科是由多门科学综合而成的，它本身既包含体育科学理论还包含体育运动实践，因此要根据教育的需要和学生的年龄特点来设计体育课程就十分复杂，从这一意义上来说，体育学科又具有综合课程的性质。

（四）学校体育课程属于"技能类"课程

从学校教育的角度来认识体育课程，首先要对学校课程进行合理的划分，然后再确定体育课程的归属。

1986年，日本信州大学学科教育研究会的专著《学科教育的构想》，明确地把所有学科分为知识课程和情意课程两类，将大、中、小学的体育课程归于情意类课程之列。

下面是德国教育家费尼对基础教育的各种课程分类。

1. 启智类课程：数学、科学社会、自然；
2. 沟通类课程：国语、外语、阅读、文学、写作；
3. 情意类课程：艺术、音乐；
4. 技能类课程：体育、生活、劳动、保健；
5. 活动类课程：课外活动与社会实践。

世界上更多的教育专家则把基础教育阶段的体育课程归纳到技能类课程。

我国基础教育的课程总体包括：（1）工具类学科，如数学、语文；（2）自然类学科，如物理、化学；（3）人文类学科，如政治、历史；（4）技艺类学科，如体育、音乐、美术。

（五）学校体育课程符合"学术性课程"的特点

有的课程专家从学校教育的目标、内容和功能角度来划分，将学校课程分为两大部分。第一部分是作为文化科学基础的课程，也称为"学术性课程"，包括语文、数学、外语、历史、地理、自然、物理、化学、体育、音乐、美术等传统的学科课程；第二部分是与社会生活实际有密切联系的实用性课程，包括劳动教育、技术教育、职业教育、经济教育等方面的课程。其中体育作为基础教育（包括普通高中）的重要组成部分，同样是学校教育中的文化科学基础课程。

三、学校体育课程具有鲜明的学科特点

学校体育课程是学校教育课程的重要组成部分。与其他科学文化知识类课程相比，具有较为鲜明的特点。学校体育课程的特点，既反映出与学校教育一般文化课程的区别，又体现出与运动训练过程的区别。

（一）学校体育课程是身体认知课程，具有"技艺性"和"自然性"特点

体育课程的主要形式是身体活动，使身体练习与思维活动相结合，从而掌握体育的知识、技术与技能，以实现体育课程的目标。前面已经讨论过，人类的认知可以分为概念认知、感觉认知和身体认知。身体认知过程是一种技能的学习过程，通过身体练习活动来实现。身体练习是体育课程区别于其他文化类课程的最重要的特征。技能学习属于身体认知范畴，它的发展具有特殊意义，是实现体育功能的重要载体。

体育学习是一种技能的学习，体育学习中的身体练习不同于运动训练的身体练习，学校体育课程的身体练习内容多样，具有可替换性，运动训练的身体练习则根据专项运动需要具有严密的结构程序；学校体育课程的身体练习讲究适宜的运动负荷，必须遵循人体发展的客观规律，而运动训练的身体练习则要遵循极限负荷、超量恢复的原理。

以多种身体练习为主要表现的"技艺性"成为体育课程的重要特征。这个特征同时反映了体育课程的多种风格特征，为体育课程模式的多元性提供了理论依据。而参与身体活动必须承受合理的运动负荷，遵循人体发展的客观规律，则表现了学校体育课程的"自然性"特点。

（二）学校体育课程是生活教育课程，具有"情意性"和"人文性"特点

《学科教育的构想》一书曾经把所有学科分为知识课程和情意课程两大类，将大、中、小学的体育课程归于情意类课程之列。知识类课程反映的是客观世界，存在着必然的、有序的不以人的意志为转移的客观规律性，人类对客观世界的认识通过感觉、知觉进一步形成感性认识，然后通过思维又进一步上升到理性认识；而情意类课程主要通过课程来改造人的主观世界，具有较多偶然的无序因素。人类对主观世界的认知则是通过对生活的体验，产生情感冲突，并在情感冲突中不断升华，从而对个性发展和人格培养产生巨大的影响。这正是情意类课程追求的最终目标。

体育课程学习无论是技能掌握的身体认知过程还是概念掌握的一般认知过程，都会对人的情感、意志、态度、价值观方面产生深刻影响，尤其是对人意志力的培养具

有其他课程无法取代的作用。同时，体育课程中的直接经验体验和身体体验，教师与学生之间、学生与学生之间的人际交往更为频繁和复杂，这种体验与交往对学生非智力因素的发展具有特殊的功能，是其他任何课程都无法达到的。因而，学校体育课程具有"情意性"特征。

学校教育的多数课程是为了学生将来能够从事某一专业或职业而直接提供认知基础的课程，体育课程则是为了使学生快乐、健康、幸福地生活，能够充分感受人的生命力和体验情感，能够增强学生的意志力。"健康第一"的指导思想不仅对学生的素质发展提出了更高的要求，而且更为全面地反映了体育的人文精神。所以，"人文性"也是学校体育课程的特征之一。

在体育课程实施的过程中，体育课程学习的环境变化多端，学生学习条件的变化多种多样，课堂情景以及师生之间的互动方式，与其他文化课程相比具有显著特点；学生在课堂上角色扮演多样、变化多端，信息沟通渠道更加畅通，这一特点也是其他学科难以比拟的。上述这些特点有利于培养学生的交往能力、组织能力和个体的社会适应性，也是体育课程"人文性""情意性"特征的具体体现。

（三）学校体育课程具有学科特殊性

1. 与其他学科课程相比具有目的与任务的特殊性

在学校教育体系中，存在多种类型的课程，每种课程都有其特定的目的与任务，但是，这些课程（语文、数学等）往往只是承担某一学科的目的任务；而学校体育课程则承担着整个教育的目的任务之一，即德育、智育、体育、美育和劳动技术教育之中的体育教学的目的任务，是一种教育性的课程。

2. 与其他学科课程相比具有科学基础的特殊性

美国著名体育学者查理斯·A.布切尔指出："严格讲，'体育'自身不是一种学科，它的目的和科学基础要从哲学、生物学、心理学、生理学和社会学等学科中获得。"

我国教育家徐特立把学校课程分为学科和术科，认为"劳动科目（术科或行动）是基本的科目"。体育科目和劳动科目相似，都是以"行动"为主的，并且都以众多的其他科学为其基础，而不是以某一门科学为其基础的。从课程类型上来看，它是属于广域课程或综合课程。从作用上来看，它的显性课程与隐性课程的相互影响尤为明显。

3. 与其他学科课程相比具有教学时空的特殊性

从当代学校课程设置上来看，无论是我国还是外国，各级学校教学计划中都有体育课程，有的还明确规定课外体育活动的时数。从空间上来说，体育课程不限于校内，还延伸到校外。

另外，体育课程的实施是在固定的场地上进行的，离开了特定的场地空间，课程本身就失去了存在的条件。

第三节 学校体育课程目标是体育课程的核心

课程目标是构成课程内涵的核心要素，也是课程研究的方向和灵魂。从课程内容的选择设计、课程实施的过程环节到课程评价的执行操作，都不能脱离对课程目标的认识、掌握及实现。目前，课程目标已经成为各种课程文件的首要组成部分。学校体育课程的目标是整个学校体育课程体系研究的重要部分，具有举足轻重的地位。体育课程的目标直接关系到体育课程的方向、课程内容的选择、课程实施过程各环节要素的具体举措以及课程评价的方法、课程的管理等问题。它既是学校体育教学的出发点，也是归宿，是学校体育课程体系研究的首要问题。

一、对学校体育课程目标的认知

"课程目标"作为课程理论的一个重要概念，在英文中有"curriculum goals" "curriculum aims"以及"curriculum objectives"等表述形式。"aim"的含义是"把某物指向预期的目的或目标"，"curriculum aims"经常被理解为课程的总体目标，等同于我国教育领域所探讨的教育目的；"goal"指努力的直接目标，相对于"curriculum aims"来说，"curriculum goals"更为具体、明确，相当于学科的课程目标，是课程总体目标在特定领域内的具体表现，与我国课程研究所阐述的各级各类学校的课程目标属于同一层次；而"objective"作为目标解释是指努力争取或设想获得的事物。因此，"curriculum objectives"是在"curriculum goals"基础上的进一步具体化，更具有可操作性。

（一）对"课程目标"含义的多样性理解

自"课程"形成独立的专门研究领域以来，对课程各要素的研究就受到了广泛重视，课程目标作为课程的第一要素，自然成为研究者关注的重要问题。关于课程目标的概念，目前还没有形成统一的认识，课程目标作为一个正在发展过程中的课程论的概念，人们对它的基本含义和实质的认识，尚处于不断变化之中。在课程理论形成与发展的过程中，国内外学者立足不同的视角有着不同的阐释。

最早将教育目标的分析作为课程研究的出发点和归宿的当数美国课程论专家博比特和查特斯。博比特于1918年首提"课程目标"这一术语，他认为课程目标是指儿童在未来生活中需要掌握和形成的能力、态度、习惯和知识的形式。博比特的《课程》和《怎样编制课程》，以及查特斯的《课程编制》都认为课程编制过程中必须注重课程目标的制定。泰勒在其经典著作《课程与教学的基本原理》中系统分析了如何确定教育目标这一核心问题。但是并没有对教育目的、教育目标和课程目标做细致区分，而是作为同义词看待。泰勒认为课程目标的选择应从"学习者本身""当代生活""学科专家建议"三个方面综合考虑，缺一不可，这三个方面共同为学校教育目标奠定坚实的基础。后来，对学生的研究、社会的研究和学科的研究成为课程论研究中公认的课程目标来源。

随着课程理论的不断发展，关于课程目标的研究逐渐增多并逐步成熟，学者们分别从不同层次对课程目标进行界定，反映出学者们对课程目标从宏观到微观的不同理解和阐释。美国课程论专家蔡斯（R.S.Zais）将课程目标区分为"课程宗旨"（curriculum aims）"课程目的"（curriculum goals）"课程目标"（curriculum objectives）三个层次。其中课程宗旨是课程的总体目标，与教育目标基本一致，反映特定社会对于受教育者要达到的基本要求；课程目的指学科或者领域的课程目标。而另一位课程专家奥利瓦则从两个层面分别界定了课程目标："课程目标就是用没有成就标准的一般性术语表述的取向或结果。""课程目标就是用具体化的、可测量的术语表述的取向或结果。课程规划者希望学生在完成了一个特定学校或学校系统的课程计划的部分或全部之后，达到这一取向或结果。"

我国教育界一直比较重视课程目标问题的研究，也形成了不同的定义。例如，国内学者高孝传认为课程目标是按照国家教育方针，根据学生身心发展状况，在一定时期内，通过为完成规定的教育任务而设计的教育内容，使学生所要达到的培养目标。另外，我国关于课程目标的定义还有"课程目标是指一定教育阶段的学校课程力图促进该阶段学生的身心发展所要达到的预期结果"。简言之，课程目标是指特定阶段的学校课程所要达到的预期结果。"课程目标是课程设计的方向或指导原则，是预见的教育结果，是学生经历教育方案的各种教育活动后必须达成的表现。""课程目标是一定教育阶段的学校力图促进这一阶段学生的基本素质在其主动发展中最终可能达到国家所期望的水准。简言之，课程目标是一定学段的学校课程力图最终达到的标准。"并将课程目标概括为时限性、具体性、预测性和操作性四大规定性。

尽管国内外学者站在不同的立场，从不同的角度对课程目标做出了界定，但共同之处在于他们都侧重于课程目标的价值层面，将课程目标理解为"学生学习所要达到的结果"。本研究根据研究内容的需要及课程论专家对课程目标的阐释，认为顾明远先生的《教育大词典（增订合订本）》中关于课程目标的定义更为符合课题研究的情况，故采用这一定义作为本课题研究中对"课程目标"的界定："课程目标是指课程本身要实现的具体目标，是期望一定教育阶段的学生在发展品德、智力、体质等方面达到的程度。"

（二）对学校体育课程目标的认识

体育课程是课程的下属概念，是课程的组成部分，与课程具有相应的关联度。因此，体育课程目标同课程目标也必然存在一定的从属关系。随着课程改革和课程研究不断深入，体育课程研究逐渐系统化、规范化、具体化，"体育课程目标是什么"、如何界定"体育课程目标"是近年来体育课程研究中较为关注的问题，关于"体育课程目标"的定义也众说纷纭：学者们分别从生物学、体育学、教育学、社会学的角度对"体育课程目标"进行界定，认为体育课程目标是增强体质、促进健康，是掌握专项运动技术，是促进学生的全面发展，是融入生活，培养社会适应能力，等等。依据不同的理论基础，站在不同的视角、不同的侧重点，对体育课程目标的理解也各不相同。

体育课程目标究竟该如何界定呢？课程目标是一定教育价值观在课程领域的反映，结合课程目标的概念，以及体育课程的本质、特点、功能，笔者认为可以将学校体育课程目标做如下定义：学校体育课程目标是体育课程本身要实现的具体目标，是期望一定教育阶段的学生通过体育课程学习而达到的程度。

（三）学校体育课程目标具有多功能性

课程目标制约着课程的设置，规定着课程内容的选择和组织，揭示了学生学习活动的方式，同时又是课程实施的基本依据和课程评价的准则，是教育目的、培养目标的具体体现。因此，课程目标具有多方面的功能，具体来说，主要表现为激励功能、导向功能和标准化功能。

1. 学校体育课程目标具有激励功能

课程目标的激励功能即激发和维持学生学习动机的功能。当教育者向学生公布课程目标时，实际上是通过目标激发学生的学习动力，使之为达成目标而不懈努力。

首先，需要是积极性的源泉，可以起到驱动个体活动的作用。当体育课程目标与学生的需要一致时，学生为了满足自身需要，就会为达到课程目标而努力。例如，中考的体育加试对初三年级的学生来说是一项非常重要的测试，测试分数计入升学成绩，直接影响学生对高中学校的选择。因而，初三年级的体育课程中与体育加试项目相关的知识与技能、技巧就与学生的内部需求相吻合，这时，学生就会为了提升体育加试的成绩而认真对待，努力完成课程的要求，达到课程学习的目标。

其次，兴趣是最好的老师，当体育课程目标与学生的兴趣一致时，课程目标就能明显地激发学生的学习活动，使学生为达到课程目标而努力。例如，某个体育项目（篮球、健美操等）是某个或某些学生感兴趣的体育活动，向这些学生指出相应的课程目标，课程目标就会对这些学生的学习、练习活动起到较明显的激励作用。而对不感兴趣的学生，激励作用则不明显。

最后，当体育课程目标难度适中时，课程目标能对学生的学习活动起到明显的激励作用。苏联心理学家维果茨基的"最近发展区"理论，就是最好的解释。体育课程目标要适当超出学生的现有发展水平，达到学生可能发展的水平，即学生通过努力能够获得成功。这样的课程目标最能激励学生的学习活动，维持学生较为持久的学习动力。如果课程目标难度太大，会使学生产生畏惧心理，望而却步，知难而退；而课程目标太低，又不具备挑战性。

2. 学校体育课程目标具有导向功能

体育课程目标的导向功能即规定、组织和协调师生行为的功能。学生的学习活动具有多方向性特点，没有活动目标的引导，活动的方向是不确定的。而有了指向学生的学习活动就有了明确的方向。体育课程也是一样的，在体育课程中如果预设了目标，教学方法的选择与运用体育课程实施就具有了方向性，同时体育课程内容选择与组织、学生学习形式等就都具有了方向性。

体育课程目标的导向作用主要表现在以下方面：第一，体育课程目标能够使体育教学活动具有明确的方向，有助于体育教学活动的自觉进行，体现了学生体育活动的有意识性、目的性和能动性；第二，体育课程目标能够使体育教学活动集中于有意义的方向，有助于结果的达成；第三，体育课程目标能够提高体育教学活动的效率，使体育课程教学事半功倍。

3. 学校体育课程目标具有标准化功能

体育课程目标的标准功能即检验、评估实际结果的功能。在体育课程实施过程中，往往要对教育活动进行评价，随时了解体育教学活动的效果，并及时调整和改进体育教学活动的进度和方法；在体育课程结束时，往往要对教学效果进行评价。这些评价活动的重要标准之一就是课程目标。评价实际上最重要的就是评判体育教学活动是否达到了预期的课程目标，在多大程度上达到了目标，因此，必须以预设的课程目标为标准，用实际效果与标准对照，以检验、评判课程实施的效果。

综上所述，学校体育课程目标是否适当，直接影响体育课程内容的选择、体育课程的实施、体育课程的评价；课程目标是否科学，直接影响某一教育阶段学校培养目标是否能圆满达成、教育目的能否顺利达成。因此，学校体育课程目标的确定在整个体育课程中具有重要意义。

（四）学校体育课程目标来源具有多向性

关于课程目标的来源，早在 1902 年杜威出版的《儿童与课程》（*The Child and the Curriculum*）一书中就有论述，认为教育过程的三个基本要素：学生、社会、学科是影响和制定课程目标的主要因素。波德（B.D.Bode）在 1913 年提出课程目标的三个来源是教材专家的观点、实践工作者的观点和学生的兴趣；拉格 1927 年在总结课程发展史上的经验和教训的基础上提出学生、教材、社会是课程编制三个相互依赖的因素；塔巴在 1945 年论述了课程目标的三个来源，对社会的研究、对学生的研究、对教材内容的研究；泰勒在《课程与教学的基本原理》中总结概括前人的观点，以折中的态度提出了课程目标的三个来源，即对学生的研究、对当代社会生活的研究、学科专家的建议，具体确定目标时还需要运用哲学和心理学做出选择；克尔（J.F.Kerr）在 1968 年主编的《变革课程》（*Changing the Curriculum*）中提出"课程理论模式"，认为课程目标来源于学生、社会和学科三个方面。此后的课程研究中，关于课程目标的来源基本稳定在对学生的研究、对社会的研究、对学科的研究三个方面。学校体育课程目标的来源同样如此，可以认为，学校体育课程目标来源于学生的需要、社会生活的需要、学科的发展及教育目标和培养目标。

二、学校体育课程目标体系

（一）学校体育课程目标的类型

关于课程目标的分类是多种多样的，比较典型的分类是将课程目标按照表征形式分为普遍性目标、行为性目标、形成性目标和表现性目标四种。

普遍性目标是将一般教育宗旨或原则直接运用于课程领域,成为课程领域一般性、规范性的课程目标。它是基于教育理念、社会政治经济发展状况与需求、意识形态以及人的经验而形成的,具有普遍性、模糊性、规范性,是一种古老且长期存在的课程目标取向。其优点在于适用范围广,灵活性强,给予教师较大的发挥空间。不足之处是这类目标受经验和意识形态影响,缺乏可靠的科学依据;目标较为模糊,常常引起歧义和不同的理解;不明确,不易观测、评价。

行为性目标是以具体的、显性的、可操作、可观测的行为形式来陈述的课程目标,它明确指出了教育活动结束后学生所发生的行为变化。其主要特点是:其一,强调目标的具体性、可操作性、可观测性;其二,具有统一性,即行为目标适用于所有的人,而且对所有人都采用同样的标准;其三,具有预定性,行为目标是在教育活动进行之前确定的。行为性目标的优点主要为可操作性和可观测性。它为学校教育提供了一个有效平台,使得同一类别不同学校之间、同一年级的学科教学具有了可比性,并且为教师同教育督导、学生家长、学生本人之间展开教育内容交流提供了可能。同时,行为目标的明确性使教师对教学任务、教学行为有明确的方向认识,便于教师控制教学。其不足之处表现在:行为目标使教学趋向于可以明确识别的要素,而难以测评、难以转化为行为的内容往往由于被忽视而消失;由于行为目标将学习分解成各个独立的部分,使得学习的整体性遭到破坏,不利于整体性教学和学生的完整性发展;预先制定的课程目标也可能不符合实际情况而成为强加给教师和学生的东西,不利于学生积极主动地学习。

形成性目标也称"生成性目标",是在教育环境中随着课程的展开而自然形成的课程目标。它关注的是学习活动的过程,而不是结果。形成性目标考虑到学生兴趣、能力的形成和个性的发展,克服了过程与结果、手段与目的之间的二元对立,使学生在教育过程中产生目标,给教育活动带来了丰富性、开放性,使课程目标更贴近教育的实际情境。其缺陷在于这种课程目标要求教师根据学生需要和特点随时调整课程内容,能随时提出课程目标,由于教师没有接受过这样的训练,使得其在实践中难以胜任这样的教学活动;即便受过训练有能力的教师由于这样的教学要付出大量额外的工作,因此,也不一定会采用形成性目标;另外,由于学生的学习活动没有预先的导向,学习活动具有一定的盲目性。

表现性目标是指在教育情境的种种际遇中每一个学生个性化的创造性表现。它强调课程目标的独特性、首创性,是学生从事某种活动后得到的结果,注重的是学生在活动中的具有某种程度的首创性反应。表现性目标是开放性的，只为学生提供活动领域和活动主题，关注学生行为的个人性、多元性，鼓励活动的个性特点。其优点在于能够使课程目标适用于学生的个性差异，有利于激发学生的求异思维，激发学生的独创性。缺点在于难以起到行为目标所具有的导向作用，难以保证学生掌握必需的学习内容。

综上所述，各类型课程目标都具有其优势和不足之处，每种目标都有其存在的意义和价值，如要培养学生的基础知识和基本技能，可采用行为目标；培养学生的解决问题能力，生成性目标较为合适；而要培养学生的创造性精神，则要采用表现性目标。现代教育是培养"完整的人"，是对人才的综合培养，因此，对于课程目标的要求也具有综合性，所以，当前课程目标不是某一种课程目标的唯一取向，而是几种课程目标的相互补充，共同构成课程目标体系。

（二）学校体育课程目标的其他类型

按照体育课程目标内容分类，传统的体育课程目标分为三个方面：身体发展目标、知识技能发展目标和思想品德发展目标。当前体育课程在总课程目标的基础上还设置了领域目标，包括运动参与、运动技能、身体健康、心理健康和社会适应能力五个方面。

按照布卢姆的教育目标分类学则可以将体育课程目标分为认知目标、情感目标和动作技能目标。

按照不同的学习阶段，可以将体育课程目标划分为小学、初中、高中、大学体育课程目标。

三、学校体育课程目标体系的阐释

学校体育课程目标体系是在课程论、系统论指导下，坚持"健康第一"的指导思想，将体育课程总目标进行分解，形成横向贯通渗透、纵向分层递进的目标群。体育课程目标群纵横排列有序，构成一个系统的目标网络。

学校体育课程目标体系在横向上由体育课程各领域目标群组成，在过去体现为三个目标群：身体发展目标、知识技能发展目标和思想品德发展目标；而当前则体现为运动参与目标、运动技能目标、身体健康目标、心理健康和社会适应目标。其中运动技能目标是基础，运动参与目标是保障、是过程，身体健康和心理健康是目的。运动参与、运动技能、身体健康、心理健康与社会适应等方面的课程分目标是一个相互联系的整体，各个目标主要通过身体练习的过程予以实现，不能割裂开来进行教学。

学校体育课程目标体系在纵向上是由体育课程的学段目标群组成，包括小学体育课程目标、初中体育课程目标、高中体育课程目标和大学体育课程目标。它们之间相互衔接、分层递进。前一学段课程目标是后一学段课程目标的基础，后一学段课程目标是前一学段的发展与延伸，学生个体随着学段的发展，其体育课程目标也逐渐提升，由此构成学校体育课程目标的纵向发展体系。

学校体育课程目标体系的内部结构由认知目标、技能目标和体验性目标组成。横向结构的体育课程目标群中的每一项都含有认知目标、体验性目标和技能目标；而纵向结构中学段体育课程目标群中的每一学段都含有认知目标、体验性目标和技能目标。它们纵横交错，构成学校体育课程目标体系。同时，在体育课程目标的表征形式上，又应该涵盖普遍性目标、行为性目标、形成性目标和表现性目标。

1. 学校体育课程目标体系要体现系统性

体育课程目标的设置要符合课程目标的整体特性，各级各类学校体育课程目标不是彼此孤立存在的，而应该是相互联系的有机整体。同时，体育课程目标是整个目标系统的组成部分，它与体育目标、培养目标、教学目标之间通过逐级具体化、操作化构成一个多层次的完整体系。

2. 学校体育课程目标体系要体现整体性

一个完整的体育课程目标既要保证在纵向上的学段体育课程目标的相互联系、逐层递进，又要体现在横向体育课程目标的系统性；同时，还要注意体育课程目标结构的整体性。一个完整的体育课程目标应该包括认知、情感体验和技能三个部分，是三个部分的和谐统一与完善。在长期课程研究与实践中，虽然强调三者的和谐统一，但在课程实施过程中，侧重的往往是认知能力的发展，而在一定程度上忽视学生情感体验和技能的培养。

3. 学校体育课程目标体系要体现具体性

体育课程目标的具体化，是指课程目标的表述要力求明确、具体，避免含糊不清和不切实际。体育课程目标是要解决教与学要"达成什么"的问题，如果目标含糊不清、不便理解把握，就会影响"教什么""如何教""如何学""教得怎么样"的问题，就不能充分发挥体育课程目标的作用，教师的教和学生的学就会失去明确的方向，达不到预期的效果。

4.学校体育课程目标体系要体现层次性

教育具有层次性，课程具有层次性，同样，课程目标也具有层次性。这里所说的层次性，不仅指课程目标体系本身具有层次性，更重要的是针对某一个特定的课程目标要能够反映出学习结果的层次性。学生所有想要达到的预期的学习结果，都要通过经历不同层级的目标要求来实现，一般都是从较低层次的目标逐步上升达到较高层次目标的要求，如在认知性知识学习上的知道、了解、理解、应用，在技能知识上的模仿、完成、掌握运用，在体验知识上的感受、认同、形成等；同时，不同学习者达到的目标在层次上具有个性差异，体育课程目标必须适应这种多层次的要求。

5.学校体育课程目标体系要体现适应性

体育课程目标要对社会变化具有适应性。体育课程目标一方面要重视基础知识的学习、基本技能的养成、学生基本素养的提升；另一方面要关注学生未来的发展，加强课程目标的"时代性"特点，注重学生能力和创新精神的培养。

第四节 学校体育课程内容是体育课程的基础

课程内容是构成课程的基本要素，是课程的内在要素。任何形态的课程都具有特定的内容，没有内容的课程是不存在的。课程内容反映了不同的课程价值观、课程结构观。课程内容的研究一般包括两个方面，即课程内容的选择和课程内容的组织。

一、对学校体育课程内容的阐释

从学校课程的发展历史来看，课程内容是发展的、多元的、多形式的，在不同的时代、不同的国家，由于社会生产力水平、政治体制与教育目的不同，课程内容也各不相同。

在没有学校的原始社会，年长者传授给青年一代的生活与劳动经验，如渔猎、饲养、种植技能等，可视为最早的课程内容。在古代社会，虽然没有"课程"这一专门的术语，但是我国夏、商、周时期就有学校教育，而普通的劳动者无法享受学校教育，只能在生活和劳动中受教，统治阶级的子弟则在学校接受教育，如西周时期的"六艺"之说，古希腊时期的学校课程则是所谓的"七艺"。但是课程内容非常笼统，课程知识内容没有明确的界限。到了近代，学校课程的知识内容和形式逐渐分化，出现了以学科为中心的学科课程或分科课程，如生物、化学等。在现代，学校课程在知识内容和形式上又出现了多元化特征。19世纪末20世纪初，西方出现了经验课程（或称活动课程），课程内容是以学生的兴趣、爱好、动机、需要和现实生活为基础的直接经验。20世纪70年代，世界各国兴起了一场关注个人价值、注重个人目的和需要的以人为中心的课程改革。从此，学校课程内容超越了单一的书本知识范围，体验式的直接经验、生活背景、社会现实问题逐渐开始成为课程内容的重要组成部分。进入21世纪，课程内容改革又进一步体现了生活化、综合化的新趋势。

（一）学校体育课程内容的含义

1. 课程内容是具有系统性的学科知识总和

关于课程内容的含义，课程理论界一直存在两种影响较大的观点：一种观点认为课程内容是在教育机构范围内向学生灌输的知识；另一种观点认为课程内容是在一门课程中所教授或包含的知识，也指一些学科中特定的事实、观点、法则和问题等。前者是课程知识社会学的观点，后者是技术学的观点。两者都把课程内容视为间接经验或理论知识，有一定的局限性。那么，究竟什么是课程内容呢？《国际课程百科全书》认为，课程内容"是指一些学程中所包含的特定的事实、观点、法则和问题等"。任何具体的内容项目都可能是为不同的教育目标服务的；反过来，给定的目标可能由不同的内容项目来体现……也有一些课程专家认为"课程内容指一种学程所包含的问题领域、学校科目或学术学科"。施良方认为："课程内容是指各门学科中特定的事实、观点、原理和问题，以及处理它们的方式。"廖哲勋和田慧生在《课程新论》一书中指出："课程内容是一系列比较系统的直接和间接经验的总和。课程内容是根据课程目标从人类的经验体系中选择出来，并按照一定的逻辑序列组织编排而成的知识和经验体系，它是课程的核心要素。"由此可以断定，课程内容的基本性质是知识，它具有直接经验和间接经验两种形态。直接经验是指与学生现实生活及需要直接相关的社会知识、自然知识及技能的总和；间接经验是指理论化、系统化的书本知识，是人类知识的基本成果。

2. 学校体育课程内容是通过筛选的体育基础理论与运动项目知识的总和

学校体育课程内容就是根据特定的体育课程价值观和课程目标，有目的地从人类的体育知识经验体系中选择出来，并按照一定的逻辑序列组织编排而成的体育基础理论知识和运动项目知识的总和。也就是说，体育知识包括体育科学基础理论和运动技能两部分，运动技能是体育知识的特殊表现形式，它以人的身体活动为基础，按照各项体育运动的技术特点对人的身体活动进行规范，通过规范化的、具有运动项目风格特点的人体活动反映出不同体育运动项目对人体活动的特殊要求；体育科学基础理论则是人体活动规范化过程中不可缺少的依据，它旨在说明体育运动项目技术、技能特点的合理性、科学性、有效性及对人体的无害性。体育课程内容不可能包括人类社会所有的体育知识，因而只能根据一定的标准选择对个体成长和社会化最有价值的、最基本的和最需要的经验。这也从一定程度上提示，不是所有的体育知识都可以作为体育课程内容进入体育教学，体育知识、技能必须经过精心的选择、合理的编排才能成为体育课程的内容。

（二）学校体育课程内容是体育课程的直观体现

在学校体育课程中，课程内容具有极其重要的意义。课程内容是课程的基本要素，是课程最直观的具体体现，也是课程改革的重点之一。

第一，体育课程内容体现着体育目标的要求。发展体育事业，开展体育教学活动，在体育教学过程中引导学生进行学习活动，都是为了一个共同的教育目标服务，即使学生通过体育教学过程获得身心的健康发展。体育教学目标通过什么来体现？其中一个非常重要的方面就是体育课程内容。离开了课程内容的体育课程就不能称为课程，而离开了课程内容体育教学目标就会变成空洞的条文，而不具有任何价值和作用。

第二，体育课程内容是学生身心健康发展的源泉。体育课程是要实现学生的身心发展，如何实现学生的身心发展？通过体育课程实现学生哪些方面的发展？课程目标可以回答这些问题，但是最终的答案却体现在课程内容上，学生的身心发展要以课程内容为主要源泉。学生正是通过对体育课程内容的学习，吸收体育课程内容所反映的知识，并将其内化为自身的知识、技能、价值观和其他素质，从而提升自身的素养，树立正确的体育观念、形成正确的体育态度，培养学生体育能力，提高学生对体育的认识，对体育价值的了解，掌握体育锻炼的方法，形成良好的思想品格，最终获得身心发展。

第三，体育课程内容决定着学生学习方式的选择，决定着教学方法的选用、教学组织的安排、教学手段的运用及教材的编制。

第四，体育课程内容直接体现着体育文化的传承和体育新文化因素的创造。人类在长期实践活动中创造了丰富的、蕴含着各种价值的文化，将这些文化传承下去，是社会生活延续的一个重要条件，同时也是社会生活本身的一项重要内容。没有文化的传承，就没有社会生活的延续。如何才能使文化得以传承？将文化作为学生学习内容置于学校的课程中，通过学生的学习、掌握和内化，这是以人格为载体传承文化的一条基本途径。学校课程内容体现了一定社会的文化，同时，在传承文化的过程中又不断更新着文化。体育文化是文化的一部分，将体育文化置于体育课程内容之中，通过学生对体育课程内容的学习和掌握，传承、发扬和创新体育文化，是发展体育文化的有效途径。

（三）学校体育课程内容的性质与特点

课程内容是课程体系的直观体现，是课程的基本要素，课程内容的性质特点将直接反映课程的性质和特色。因此，要确定体育课程的内容，首先要对体育课程内容的性质有一个全面的了解和认识。体育课程内容是整个教育内容的有机组成部分，具有同教育内容共有的性质；但是体育课程内容与其他学科的课程内容又具有极大的差异，这种差异表现为体育课程的动态性，即体育课程内容主要由体育运动项目和各种身体练习构成，并且与身体的实践活动紧密相关，因而它又具有自身特性。由此可以将体育课程内容的性质归纳如下：

第一，具有教育性。体育课程内容是对学生进行体育教学的载体和媒介，因而在选择课程内容时，首先要考虑的是它的教育性，包括对学生的运动教育、心理教育、社会教育、文化教育等。主要反映在对学生身心发展的促进、良好行为习惯和生活方式的养成、坚毅勇敢品格的培养等方面，同时体育课程内容适合大多数的学生，且不具有功利性。

第二，具有科学性。体育课程内容是经过精心选择和合理组织的有计划的教学内容，与其他教育内容一样具有较强的科学性。体育课程内容具有丰富的内涵，是人类文化和科学的结晶，如人体科学原理、科学锻炼原理、科学训练原理及相关的社会科学原理等；体育课程内容具有较丰富的科学内涵和文化内涵；课程内容的选择与编制具有严格的规范、科学的依据和合理的原则。

第三，具有系统性。体育课程内容的系统性表现在两个方面：一是课程内容本身的系统性，即体育课程内容内在的规律性，表现为内容与内容之间、项目与项目之间、技术与技术之间存在某些相关的联系和相互的制约作用，由此形成课程内容的内在结构；二是体育课程内容根据教育的目标、学生不同年龄阶段的生长发育特点、教学环境条件及体育课程内容的内在规律性特点，有计划地安排在各级各类学校的体育课程之中。

第四，具有运动实践性。运动实践性是体育课程内容的突出特点，是指体育课程内容多是以身体练习形式进行，课程内容与体育实践活动紧密相连，学生通过身体的大肌肉群运动实现体育课程内容学习。当然，不能否认体育课程内容也有理论知识，但是理论知识的学习和道德的培养也是要通过运动学习和实践体验达成的，也必须通过运动中的本体肌肉感觉和记忆才能准确地获得。

第五，具有健身性和娱乐性。体育课程内容的健身性是其他学科所没有的。体育运动学习是通过身体活动完成的，课程学习过程必然会对身体形成一定的运动负荷，从而对身体锻炼起到一定的作用，但是这种效果由于受课程时间、练习数量和学习目标等因素限制，相比体育实践活动显得较为薄弱。但是课程工作者一直在为追求课程内容的健身性而努力，如科学化地设计和控制体育课、合理搭配体育教学内容、安排运动负荷等。体育课程内容来自各种身体活动，而人的各种身体活动多来源于娱乐运动，因此，体育课程内容在一定程度上具有趣味性和娱乐性，既表现在运动学习和竞赛过程中的竞争、协同、克服、表现等心理体验上，同时还反映在学习进步的成就感中。

第六，具有人际交流的开放性和空间的约定性。体育课程内容实施主要以集体活动形式进行，在运动学习、练习和竞赛过程中，人际交往和交流活动频繁产生，形成开放性人际交流。体育课程内容以这种人际交流的开放性为基础，构成对集体精神、竞争、协作培养的独特功能。空间的约定性则是指课程内容的实施依赖于特定的空间和场地设施，一旦没有了这些空间条件，体育课程内容就会产生质的变化，甚至消失。

体育课程内容除了具有上述性质之外，还具有一定的特殊性。这种特殊性是在体育课程改革和课程内容选择与编制过程中必须考虑的重要因素。

首先，体育课程内容内在的逻辑关系问题。体育课程相对其他课程来说，最大的特点就是体育课程内容内在的逻辑关系不强，课程内容之间缺乏必要的逻辑关系，表现出非逻辑性、非系统性特征。体育课程内容划分一般是以运动项目为基础，划分后的内容之间是平行和并列关系，项目与项目之间缺乏逻辑性，篮球与排球、体操与武术很难确立其先后问题和基础与提高问题，很难找到项目之间的内在规律性和顺序性。因此，体育课程既没有呈现出其他学科那种严密的、以智力为特征的逻辑体系，也没有呈现出以发展体力技能为特征的知识技能体系。也就是说，从大量不同性质运动项目发展起来的体育文化（包括知识、技能和规则）没有逻辑关系，没有简单到复杂、由低级到高级这样的认知顺序与关系。但是，就运动项目自身的知识技能体系或者某些相近项目之间存在先行后继、基础与提高的关系，主要体现在选择和安排体育课程内容的逻辑体系上，要考虑到从初中到高中、大学的一贯性，即所谓的基础性与逻辑性统一。因此，在进行内容安排时无法完全按照难易程度和学生的准备条件来排列教学内容。

其次，体育课程内容存在"一项多能"和"多项一能"问题。"一项多能"是指一个体育项目可以达到多种体育目的，如体育舞蹈运动，既可以健身，也可以表演、比赛、娱乐、交流等，一个人学习和掌握一项运动技能可以实现自身的多种需求。"多项一能"是指体育项目的可替代性，同一种目标可以通过不同的运动来实现，所谓条条大路通罗马，这使体育教学中没有什么非学不可和不可替代的运动，即体育课程内容缺乏较强的规定性。

最后，体育运动项目数量庞大、内容庞杂，难以归类。体育运动具有多样性，数量难以厘清，项目各自具有独特的运动乐趣和运动体验。项目运动技能不同，对身体素质的要求也不同，项目之间还有一定的干扰与影响，因此，再优秀的学生也很难学会多种运动技能，再优秀的教师也很难精通多种体育项目。体育课程内容既要具有作为课程本身所具有的教育性、科学性、系统性，同时又要具有体育课程所特有的运动实践性、健身性、娱乐性、人际交流的开放性和空间的约定性。也就是说，体育课程对课程内容的要求很高，在数量庞大、内容繁多、彼此之间缺乏逻辑关系的体育运动项目中，只有符合体育课程内容性质的运动项目才可以作为课程内容进入体育教学环节。

（四）学校体育课程内容选择的依据与影响因素

学校体育课程内容的确立与课程目标一样，具有自身的科学依据。只有正确认识学校体育课程的规律、特点、性质和价值，科学地确立体育课程内容，才能够完成体育教学的任务，实现人才培养的体育教学目标。

1. 社会发展需要是确定体育课程内容的客观依据

体育课程目标是体育的出发点和归宿。体育课程内容是依据课程目标的要求加以选择和设计的，是体育课程目标的具体展示，也是体育课程本质的直接反映。体育课程内容是为达到预期的课程目标服务的，而课程目标又服从服务于教育方针和教育目的，从根本上受社会政治、经济发展情况的制约。体育课程目标和课程内容在教育本质上具有一致性。由此可以看出，体育课程目标和课程内容都受社会发展影响和制约，也为社会发展服务。因此，社会发展对学生素质发展的一般要求，成为体育课程内容选择的客观依据之一。

2.受教育者身心发展规律是确定体育课程内容的最终标准

不同学段的学生由于年龄阶段的差异，其身心发展水平、体育运动能力水平及对体育活动的需求是完全不同的，这种不同制约着不同学段的体育课程内容的选择。首先，体育课程内容的选择必须符合学生的身心发展和运动水平。不符合学生身心发展规律和运动能力的体育课程内容，一是会给学生的学习带来困难，使学生由于学不会而产生消极心理，打击学生学习的积极性；二是在学习过程中，由于学生的身体运动能力欠缺，容易造成技术变形和运动损伤；三是体育教师无法完成既定的教学目标，从而影响体育课程的实施效果。20世纪60年代美国基础教育质量全面下降，就是由于课程改革过程中对学生的接受能力估计过高，而导致课程内容的难度不符合学生的实际水平造成的。体育是一个特殊的学科，是需要学生通过身体活动来实现课程内容学习的身体活动课程，因此，体育课程内容的选择更要注意考虑学生的身心发展规律，针对不同年龄阶段的学生进行课程设计。同时，课程内容的选择必须满足学生的身心发展需要，促进学生个性自由发展。杜威所主张的"儿童中心"课程理论也是以满足儿童的动机、兴趣、爱好和需要作为课程内容设计的根本依据的。

3.科学文化知识是制约体育课程内容的基本因素

课程内容的基本要素是知识，因此，课程内容的选择必须考虑人类科学文化知识和技术本身的特点及其发展趋势。

首先，体育的基础理论知识和运动项目是体育课程内容选择的直接来源，其发展水平制约着体育课程内容选择的范围，体育知识越丰富，运动项目越繁多，体育课程内容的选择范围就越广泛，人们在选择与组织课程内容时需要做的技术上的考虑就越多。如何从浩如烟海的知识总库中选择最基础、最有代表性、价值最大的体育理论知识和运动项目，就成为体育课程内容选择过程中最重要的技术环节和步骤。

其次，体育知识和运动项目的发展和更新速度制约着体育课程内容的发展和更新速度。体育知识发展的速度越快，新兴体育运动项目发展越迅速，体育课程内容的更新就越快。但是，课程本身应具有相对稳定性的特征，使得体育课程内容的更新既要符合体育运动知识更新的速度，又要考虑体育课程发展过程的可持续性。也就是说，体育运动项目的学习不仅是为了掌握这种运动项目本身，更重要的是要为将来的学习和发展奠定基础。

最后，知识的结构制约着课程内容的结构。知识本身是具有结构性的，包括横向结构和纵向结构。知识的横向结构是指一门学科的知识，包括事实、概念或术语、原理、体系等要素，不同学科的具体构成要素不同；知识的纵向结构是指一定的知识是建立在相关知识基础之上的，同时它又是其他知识的基础，这种纵向的关系因学科不同而不同。无论是横向结构还是纵向结构都对课程内容的选择和组织产生重要影响。

总之，课程内容的选择依据和影响因素是多方面的，在课程内容选择时，要正确处理社会、学生和知识等因素之间的相互关系，使其处于均衡状态，过分强调任一方面都会使课程内容具有片面性。

（五）选择学校体育课程内容的原则

中华人民共和国成立70多年来，我国学校体育课程内容不断发展、完善，其间经历了多次《教学大纲》的编制和修订，由于制定颁布《教学大纲》时所处的社会环境和政治环境不同，在课程内容的选择原则上也不尽相同。

第一，课程内容的选择原则不是指导课程的方针、政策，不是某种教育精神的体现。如"教育性原则""继承和发扬民族传统体育原则"，含义抽象，包含的意思宽泛，无法鉴别课程内容。

第二，要区分是对课程整体的要求，还是课程内容的具体标准。如"理论与实践相结合原则"是对体育课程内容整体提的要求，无法用它来判断某一个具体的内容是否可以作为课程内容。

第三，要区别是课程编制的原则，还是课程内容选择的原则。如"统一相结合原则"，它针对的不是如何选择课程内容，而是课程内容确定之后，在实施过程中执行到什么程度的问题。

第四，灵活性原则的含义过于宏观，缺乏具体的标准，如"符合学生生理特征""适应学生心理特征原则"等。

第五，要区分是课程应该达到的目标，还是课程内容选择的标准，如"具有培养共产主义道德品质的作用""增进健康和增强体质原则"等。

另外，一些可以作为标准的原则尚需进行具体的阐述，"与《国家体育锻炼标准》相结合原则""符合《大学生体育合格标准》"等。必须说明符合到什么程度，在哪些内容上可以结合，哪些内容不能结合。

鉴于上述原因，所谓的"课程内容的选编原则"已经不能适应体育课程内容的选择要求，那么，究竟什么才是真正的选择体育课程内容的标准呢？如何确定体育课程内容选择的原则呢？

体育课程内容选择的最终目的是实现体育课程目标的要求，因此，选择体育课程内容首先要与体育课程目标相一致。张勤博士在其博士学位论文《中国基础教育体育课程内容设计研究》中，运用问卷调查向体育理论界的专家、学者进行意见征询，并结合课程实践将体育课程内容选择的原则确定为兴趣性、健身性、基础性、全面性、实效性和文化性；而卢元镇教授确定了健身性、实用性、代表性和可行性四项原则。

"适应学校条件""体育教师能承担该项目教学"说明体育教师在选择课程内容时首先考虑的是课程内容的可行性。究其原因主要有以下几点：一是当前学校体育的场地设施在一定程度上影响着体育课程的实施，使得很多体育运动项目无法在体育教学中实现，这一情况在乡镇学校更为明显；二是体育教师本身的专业技能无法适应体育课程改革的变化，一些体育项目是体育教师力所不能及的；三是体育教师鉴于某种原因不愿意再花费精力学习新的运动项目。但无论是哪种原因，对体育课程内容的选择与实施都是不利的因素。"深受学生喜爱""运动项目的趣味性""具有教育性"则说明体育教师在确定课程内容时还考虑到学生的需求、课程内容的趣味性和教育性。这是比较好的方面，说明体育教师在选择体育课程内容时，是站在体育教学的视角既把课程内容作为对学生实施教育的载体，又考虑到了以"学生为主体"的问题，在一定程度上满足了学生对体育学习的需要。

二、学校体育课程内容的演变与发展

为探讨学校体育课程内容的发展变化，本研究对中华人民共和国成立后颁布的1956年、1961年、1978年、1987年、1992年、1996年（高中）、2000年及2001年的《体育教学大纲》《体育课程标准》（以下简称《课程标准》）、《全国普遍高校体育课程教学指导纲要》等所涉及的体育教学内容进行了分析统计。

（一）体育课程内容的形式发展为体育基础理论与体育技术技能并存

体育课程内容从形式上区分为体育基础理论知识和体育技术技能知识。

从课程内容形式上看，体育课程内容在1950年《小学体育课程暂行标准（草案）》和1956年《中小学体育教学大纲》中，只体现了体育技术技能知识的内容，对体育基础理论知识却没有涉及。自1961年开始，中小学体育课程中增加了体育基础理论知识内容，一直延续至今。而我国的大学体育课程从1956年《一般高等学校体育课教学大纲（试行）》开始，就包括两种形式的体育课程内容。

（二）体育课程内容的性质从单一的"必修"走向"必修与选修"结合

课程内容在性质上区分为基本教材和选用教材，或者分为必修内容、限制选修内容和任意选修内容。

从课程内容性质上看，学校体育课程内容的性质总体上是经历了由完全的必修内容到必修内容（基本教材）与选修内容（选用教材）相结合的过程。在比例分配上，整体的趋势是必修内容逐渐减少，选修内容逐渐增多。

2001年课程标准对课程性质未做明确的限定，但是《课程标准》指出"按照三级课程管理的要求，《课程标准》规定了各学习领域、各水平的学习目标，同时确定了依据学习目标选择教学内容的原则。各地、各校和教师在制订具体的课程实施方案时，可以依据课程的学习目标，从本地、本校的实际情况出发，选用适当的教学内容……"，即小学体育课程内容由体育教师选定；初中体育课程按照新《课程标准》要求在规定的水平范围内由体育教师选择课程内容进行授课；高中体育课程按照2003年颁布的《课程标准》除去田径外，其他体育项目选修。

体育课程选修内容的设立逐步改变了课程完全由国家统一制定的局面，给予学校和体育教师在课程内容选择上的自主权利，对于国家课程设置中不适合地域和学校情况的部分，不再勉强执行，而是由学校根据实际情况设立相应的课程内容予以弥补。但赋予课程选择权利的同时，也对体育教师提出了一定要求，即体育教师应具备选择和设置课程内容的能力，能够按照课程内容的选择原则及社会、学生和体育学科发展的需要设计和实施课程。这是课程改革的进步，也是对体育教师职业规划提出的新要求。

三、学校体育课程内容存在的问题

通过前面的研究，我们发现，学校体育课程内容在保持原有具有普遍性和一定价值的内容基础上逐渐丰富，一些民族民间传统体育项目、时尚体育运动项目进入体育课堂，虽然在普及程度上还有待进一步发展，但终是给体育课程内容带来了新鲜的空气。但是体育课程内容也存在一定的问题。

其一，前面调查结果反映出对田径类、球类、体操类（队列队形、徒手体操、技巧运动为主）等现代体育项目的重视程度较高，但是对民族传统体育类、时尚体育类运动项目的重视程度不够。体育课程内容是体育文化知识的反映，体育文化知识具有多元性，要接受系统的体育教学，就必须接受多元的体育文化知识，现行体育课程中传统体育运动项目、时尚体育运动项目的不足也是体育课程内容存在的问题之一。

存在这种问题的原因与体育教师对体育课程内容的选择有直接关系。前面的调查结果显示,体育教师在选择体育课程内容时,主要依据之一是"项目要适应学校的条件",而目前多数学校都能有一块大小不一的田径场,有一组或几组篮球架,因而田径类、球类项目(篮球、足球)项目比较好开展,但是时尚运动项目多数需要一些必备的设施,如放音机。对体育经费紧张的学校来说,利用现有条件开设课程是可行的,但是需要增加投入的项目几乎不在考虑范围之内;体育教师选择体育课程内容的另外一个依据是"学生的喜爱程度",一些比较普及的民族传统体育项目如太极类很难符合学生的兴趣需要;体育教师选择体育课程内容的第三个依据是"体育教师能够胜任的项目",体育教师自身能力限制了体育课程内容的开设,符合学生需要的运动项目、具有特色的运动项目,体育教师却不一定具备教授能力,另外还要考虑安全问题等。诸多原因造成了体育课程内容目前的状况。要改变这种状况,一是要提高学校的体育设施数量和质量;二是要对体育教师进行相关运动项目的培训,使之具备相应的教授能力;三是改变现有的惯性作用,使体育教师敢于创新、乐于创新,积极开发体育课程内容。

其二,现有的体育课程内容在项目设置、内容组织、数量安排等方面还存在一定的问题,需要体育教师和学校体育管理人员给予足够的重视。

通过对体育教师的调查可知,当前学校体育课程内容在课程内容组织上存在重复性和不系统性,即先前出现过的课程内容在后期还会出现,也就是课程中的螺旋式排列的课程,这本没有什么不合理的问题,但是,课程内容的延伸程度不明确、不清晰就造成了课程内容的重复现象。

在教学内容选择上,体育教师缺乏积极开发课程的主动性,总是选择课程内容范围内的、自己轻车熟路的内容进行教学,而对需要花费时间、精力精心准备的较为新型的课程内容,多数教师具有一定的躲闪心理,尽可能地避开"费时费力"这些项目,因而课程内容陈旧是不可避免的。

另外,由于对课程的理解和对学生"主体"理解上的差异,使得体育教师在体育课程内容选择上过多考虑了学生的需要,而忽视了体育课程的性质与价值体现,使得内容设置与实施出现问题,体育课程的目标达成状况不理想。

除上述情况之外,通过前面的分析可以看出,多年的体育课程内容从运动项目的角度来说,通常不会改变,都是以田径、体操、球类、武术等项目为主体,教师教授、学生选择及教师认为应该学会的项目是具有一致性的,那么为什么还会存在学生学不会的问题？通过与体育教师的座谈与交流、对专家的访谈及相关文献资料的整理，探讨其原因发现，问题之一：体育课程主体教授的内容缺乏肯定。体育运动项目繁多，当前作为体育课程内容的项目也很多，如果每一项都想教会学生是不可能的，必须有主次之分，有重点教授的内容，也有简单教授的内容，还有介绍性的内容。问题之二：体育运动项目与体育课程内容之间存在一个由运动项目转化为体育教学内容的过程，在这个转化的过程中，需要对体育运动项目的技术技能进行规范、筛选。由于体育课程内容主体教授、简单教授和介绍内容的层次没有划分，在项目向内容转化过程中，每一个项目都有较系统的规范技术进入课程内容，导致课程内容庞大，而体育课程时间有限，这么多内容需要教授，分配给每一项内容的时间就会减少，由此形成"蜻蜓点水"，教授了很多内容，却都没有教得深入、教得透彻。这也就涉及了课程内容的组织问题，即什么内容应该安排的教学时数多一些，在课程排列上出现的概率多一些的问题。问题之三：体育技术技能的形成需要一个过程，需要经过多次的练习才能形成稳定的运动技术，但是目前的体育教学由于班级容量大、体育设施器材有限，在体育教学过程中无法满足多次练习的要求。体育课程学习的效果需要通过课外体育活动和学生课下自主练习进行巩固。

由此，课程设计专家和体育教师在体育课程内容选择上要综合考虑学科发展、学生需求和社会需求因素，慎重选择内容；教学内容要体现主体内容与介绍内容的区分，在体育课程内容组织上要注意课程内容的排列方式，既要注意"直线式"排列内容与"螺旋式"排列内容的区分，也要注意"螺旋式"排列内容的层次划分和延伸程度的确定。

四、多元文化背景下的学校体育课程内容体系构成

学校体育课程内容体系是指根据体育课程目标要求确立的，用于对受教育者进行体育教学的基础理论知识和运动技术技能知识的总和及其指导思想体系。它是学校进行体育教学工作的依据，是体育课程目标得以实现的重要保证。体育课程内容体系的确立为实现学校体育课程目标，培养学生良好的体育文化素养提供了一个相对稳定的知识体系。从宏观上说，学校体育课程指导思想的确立和体育课程目标的定位，已经反映了体育课程内容的基本构成，即思想决定目标、目标统领内容。科学合理的课程内容体系是在一定教育思想指导下，遵循一定的教育理念，结合课程内容本身的分类特色而形成的。

（一）体育课程内容的类型

关于体育课程内容的分类，有多种观点和形式。

从课程内容的性质上看，有基本内容和选用内容，也可以划分为必修内容和选修内容，其中选修内容又分为限制选修和任意选修。这种分类方式能够反映课程内容的地位和作用，制约性较强，执行力相对较好。

从课程内容的形式上可以分为体育基础理论知识内容和运动技术技能知识。

根据课程目标，可以分为发展身体基本活动能力的内容、增强体质的内容、常见运动项目内容、余暇交往的体育课程内容和体育保健康复内容。这种分类使课程内容的目的性较为明确，在编排上既可以打破以竞赛为目的的教学内容编排方式，又能在一定程度上保障竞技运动知识和技能的学习，既不会发生内容的重复，也不会有逻辑问题。

按照运动项目，分为田径、体操、篮球，等等。这种分类方式与竞技体育运动一致，便于理解，有利于竞技运动文化的理解和掌握。

毛振明教授则根据体育课程内容的组织形式、课程内容在实践教学中的"循环周期"现象将课程内容分为"精教类"课程内容、"简教类"课程内容、"锻炼类"课程内容和"介绍类"课程内容，并对每一种类型的课程内容给予说明。

"精教类"课程内容是课程的核心内容，是体育课程内容中最重要的组成部分，是要求学生充分掌握和熟练运用的内容。这部分内容是体育课程中具有普及性、适应性、可行性和社会性的内容，即该内容是学校条件允许，教师能力可及，具有广泛社会基础、能满足学生兴趣需要并有一定时代特色和文化价值的内容。

"简教类"课程内容是满足体育文化的普及与传播目标，在众多体育内容中需要学生了解认识的内容。目的是让学生在体育课程中认识这些课程内容，能够为今后继续学习和掌握运用这些内容奠定基础。这部分内容也建立在可行性基础上，即学校具备一定的条件，教师具有一定的能力范围内。

"介绍类"课程内容是满足学生对体育文化多样性认知的目标。体育课程内容丰富多样，不可能都掌握。因此，这部分内容是为了丰富学生体育知识，开阔学生的运动视野，让学生在体育课程中获得更多的各类体育知识而设立的介绍性、体验性课程内容。

"锻炼类"课程内容是解决完成其他类内容的学习而需要的必备的身体条件和运动能力而设置的内容，不需要深度学习，却需要天天练习。

（二）学校体育课程内容体系的结构

根据体育课程内容的性质、特点，针对以往体育课程内容的分析结果及当前体育课程内容的现状调查结果，参考专家学者的意见和建议，结合STS教育理念，以"健康第一""以学生为主体"思想为指导，确立学校体育课程内容体系的结构和内涵。

1. 体育课程内容体系的结构要素及内涵

学校体育内容是在体育文化发展的背景下，以"健康第一"为指导思想、以STS教育理念为基础形成的涵盖体育技术技能和体育基础理论两部分内容的结构体系。其中体育技术技能包括七个类别，分别是田径类运动项目［基本身体活动动作（水平一、水平二、水平三）］、体操类运动项目、球类运动项目、武术类运动项目、游泳运动或冰雪类运动项目、民族民间体育运动项目、时尚运动项目类。体育理论知识包括体育人文学知识、人体科学知识、运动学知识。体育技术技能的每一个类别又根据具体内容的实际情况划分为精教类、简教类、介绍类和锻炼类课程内容。体育理论知识则以简教类和介绍类为主。

值得注意的是，由于体育各类运动的项目特点、技术结构和难易程度的差异性，在某一类运动中，可能所有课程内容知识都属于简教类和介绍类内容，也可能都属于精教类内容，对于这些具体内容知识的确定还需要结合运动项目本身的技术特点和课程环境的具体情况加以鉴别和验证。另外，对于每一类运动中的精教类、简教类、介绍类内容在不同的学段应该掌握哪些运动技能也是在课程内容选择时需要重点考虑的问题。

通过这样一个课程内容体系的构成，期望在学校体育课程学习过程中，学生能够学到三种基本运动技能：运动要素方面的运动技能、身体素质练习的常用方法和体育运动项目。对各学段的学生来说，每个阶段都有各自的重点。

小学阶段，体育课程内容以体育游戏和活动技能为主，即多种多样的体育游戏和带有游戏性质的技术动作。到水平三阶段，在体育游戏和活动技能的基础上，每学年系统教授1~2项体育运动项目（如体操、武术、乒乓球等），简单教授适合小学生年龄段的3~4项运动项目。建议在小学阶段鼓励学生学习游泳运动，游泳作为一项生存技能，是每个人都应该必备的技能，学习游泳的最好时机是在小学阶段，每一个小学生在小学毕业的时候都能够学会一种游泳运动的泳姿。学校不具备条件的借助社会环境和家庭的力量，作为一项硬性考核措施列入学校的课程方案，督促学生通过各种途径达到目标要求。

初中阶段，保持身体活动能力练习的同时，体育课程内容以各类运动项目为主，即学习各个运动项目的运动技术。在小学水平三的基础上，继续设置每学年1~2项系统教授的运功项目（如体操、武术、篮球、足球、乒乓球、羽毛球等），简单教授学生喜闻乐见的3~4个项目（流行的、时尚的项目：街舞、轮滑；民族民间的毽球、蹦球、珍珠球等）。

高中阶段，保持身体活动能力练习的同时，体育课程内容以小学、初中阶段的课程内容为基础开设各类运动项目选项课。每个学生重点选择2~3个项目。

大学阶段，保持身体活动能力练习的同时，体育课程内容为完全的选修，学生可以按照自己的运动能力和运动爱好选择喜欢的体育项目，为今后的体育锻炼奠定基础。

通过这样的过程，学生在小学和初中阶段可以系统地学习10个体育运动项目，简单学习20个体育项目，由此使学生对体育的运动项目具有一定的认识，并使学生对自己的体育学习能力、身体素质条件、对体育运动项目的爱好都具有一定的了解，进入高中阶段，就可以根据自身的情况有重点地选择2~3个项目继续学习，最终实现学生体育学习的效果：特长内容"熟练化"、掌握内容"了解化"、普及内容"知道化"、条件内容"经常化"。期待通过这样的体育课程内容体系设计和体育课程的实施，能够教会每一个学生1~2项体育运动项目的技术技能，能够对体育运动进行品评，具有丰富的体育知识素养。

对课程内容的选择建议：一是常用的健身方法技能要具备，这部分内容与五大身体素质的发展有密切关系，是今后身体锻炼的基础；二是作为运动特长发展，为今后体育参与和生活娱乐奠定基础的运动项目；三是当前社会较为流行、具有一定普及性、满足学生身心需要的运动项目。在此基础上，要考虑课程内容体系中各类项目选择的全面性，还要注意符合课程内容的选择原则。

关于体育运动项目内容的选择，一是国家在统筹的基础上建议一部分；二是地方教育部门结合地域特色和地方体育发展规划确定一部分；三是学校结合自己情况开发一部分。

2. 多元体育文化是体育课程内容体系的立足点

体育是以人体运动为基本手段增进健康、提高生活质量的教育过程与文化活动。体育作为一种社会文化早已被接受，作为文化的一个组成部分，体育文化具有历史性、多样性和复杂性特征。课程是文化传承的载体，课程内容是文化知识的具体体现，课程内容体系的形成必须建立在文化发展的基础上。因此，体育课程内容体系的立足点是体育文化知识。

3. STS教育是体育课程内容体系的理论平台

STS研究和STS教育始于20世纪六七十年代的西方发达国家。科学技术的日益发展进步，带来了经济和社会的快速发展与繁荣，促进了人们生活水平的提高。但与之有关的重大社会问题（如环境、生态、人口、能源、资源等）也随之涌现出来。为了解决这些问题，STS研究和STS教育应运而生，在一定程度上可以认为STS研究和STS教育的产生缘于社会发展的需要。

STS是科学（Science）、技术（Technology）、社会（Society）的缩写。它旨在探讨和揭示科学、技术和社会三者之间的关系，研究科学、技术对社会产生的双重效应，目的是要改变科学和技术分离，科学、技术与社会脱节的状态，使科学、技术更好地造福人类。STS教育主张把"科学、技术与社会的相互联系，以及科学技术在社会生活、生产和发展中的应用"作为教育的指导思想，强调把科学教育和当前的社会发展、社会生产和生活等紧密联系，开发学生的智能，提高劳动素质，增强学生的未来意识和参与意识，培养具有良好科学素养的人才。它最为重要的任务就是要使学生参与社会活动，并在活动中扮演一定的角色。

以下为STS教育思想引入体育课程的基本观点：

①体育课程要教授与当代生活有密切关系的体育知识。

②体育知识应该与每个学生的需要有关。

③体育知识是人类整体知识的组成部分，不能孤立于其他学科知识之外，因此要在综合性的学科背景中学习体育文化知识。

④使学生了解体育事业与社会其他方面之间的关系。

STS教育注重科学、技术与社会的相互联系，以及科学技术在社会生活、生产和发展中的应用，主张课程内容要有生活基础，要符合学生的需要，体育学习要与多种学科知识相互融合，以多学科知识支撑体育运动科学。因此，技术指导下的体育运动实践活动和科学指导下体育理论知识所构成的体育课程内容要与当前的社会发展密切联系，既能以社会发展的需求为依据，又能够促进社会的发展。

4."健康第一"是体育课程的指导思想

"终身体育"是理想目标，课程内容的选择确定要始终坚持"健康第一"的指导思想，保证课程内容能够促进学生的全面发展、增进学生的身心健康，使学生接受全面、完整的体育文化教育，最终实现"终身体育"的理想目标。

五、学校体育课程内容组织分析

在了解、选择、确定课程内容之后，"为了使学生的各种学习有效地联系在一起，使学习产生积累效应，需要对选择出来的课程内容加以有效的组织"。形象地说，课程内容的组织就是将选择确定下来的课程内容按照一定的关系排列、组合在一起，使之成为有序的体系，以加强学生学习的效果。课程组织是课程理论与实践中最具逻辑性和顺序性的领域之一，直接影响着课程内容结构的性质和课程实施过程中学习方式的选择。20世纪40年代，泰勒提出了课程内容排列组织的三个规则，即连续性、顺序性、整合性，并对其进行了详细的解释说明。

（一）学校体育课程内容的组织具有取向性

课程内容的组织是一项涉及价值选择的活动，不同的立足点和价值取向形成不同的课程组织理念和组织形式。

1. 学科取向的课程内容组织

学科取向的课程内容组织主要围绕人类已有的知识并按照其内在的逻辑体系形成课程内容的组织方式，强调课程的逻辑性和知识的积累。有利于学生系统地学习人类文化遗产，掌握丰富的学科知识，促进智力的发展，也有利于开展语言活动，知识和思想在语言中最能得以交流和存储。但是，它在某种程度上限制了知识的范围，不具备包容性，忽视了学生的需求、兴趣和经验；课程内容组织注重逻辑和记忆而轻视理解，难以促进学生在社会、心理、身体等方面的发展。这种学科取向的课程内容组织适合学科本身具有较强的逻辑性，内容学习必须遵循一定的顺序，否则就是无法进行的课程。

2. 学生取向的课程内容组织

这种课程内容组织重视学生的经验和发展，强调围绕学生的兴趣、需要、心理逻辑等组织课程内容。卢梭、裴斯泰洛齐、福禄贝尔及杜威等都是这种观点的支持者。它主张教育的根本目的在于人的培养，知识只是教育的手段。这种课程内容的组织鼓励学生主动学习，强调培养学习者的个性差异；但是它忽视了对教育具有重要意义的社会目标的形成，过分强调学生主体的课程内容组织也不利于帮助学生建立有序的知识体系和掌握必备的技能。

3. 社会问题取向的课程内容组织

围绕主要的社会问题组织课程，以适应或改造社会生活为依据。课程内容源于社会或整个世界的状况和情境，认为课程是为学生适应和改造社会情境做准备，注重课程内容与社会生活的联系，强调学生的主动性，重点体现学生能做什么，而不是体现课程内容的学科体系。这是一种具有高远理想的课程组织形式，难以揭示文化的内涵，甚至主张通过课程改变社会秩序，把课程作为改造社会不满的工具，夸大了课程内容的功能，不具有普遍性和适用性。

4.混合取向的课程内容组织

它认为课程内容本质上是学科知识、学生经验和社会生活经验三方面的统一，是当代课程内容组织的趋势。认为人的经验本身具有整体性，很难找到明显的区分界限，学科取向的课程内容并非完全否定学生兴趣和个性发展的重要性，也不否认社会问题对课程内容组织具有影响作用，只是强调课程内容的组织要以学科为核心。其他的课程内容组织取向也是如此。

体育课程内容的组织同样存在上述的取向问题，曾经的技能教育、"三基"教育就是偏重于学科取向的课程内容，而主体教育、快乐体育、成功体育则强调学生的发展，体质教育结合社会现实需求，整体教育和终身教育则是三种取向的综合体现。

（二）学校体育课程内容组织形式

关于课程内容的组织，课程设计理论上有多种形式，包括直线式和螺旋式、纵向组织与横向组织、逻辑顺序和心理顺序。

1.直线式和螺旋式组织是体育课程内容的重要组织形式

直线式和螺旋式是课程内容的宏观编排方式。

所谓直线式是指将一门课程的内容组织成一条在逻辑上前后相互联系的直线，课程内容直线前进，课程内容前后不重复出现。其依据是课程内容本身内在的逻辑性。其优点在于能够完整地反映课程内容或学科的逻辑体系，避免学习内容的不必要重复，不足在于不能充分体现学生的心理发展特点，不利于前沿成果在课程中的及时体现。

所谓螺旋式是指在不同阶段、单元或课程门类中，重复呈现特定的学习内容，前一内容是后一内容的基础，后一内容是前面内容的扩展和延深，使之呈"螺旋式上升"形状。其依据是人的认识发展规律，即人的认识是由简单到复杂、由低级到高级的逐步深化过程。其优势在于能及时反映学科的发展前沿情况，符合学生的身心发展规律。但是这种组织形式容易造成课程内容的膨胀和重复。

"直线式"和"螺旋式"是体育课程内容最常用、最主要的组织方式。

在以往学校体育课程中，关于课程内容的直线式和螺旋式组织的观点如下："直线式排列是某项教材教过之后，基本上不再重复"；"螺旋式排列是指教材在各年级反复出现，但逐年提高要求的排列"。关于"直线式"组织和"螺旋式"组织所适用的课程内容，"要全面考虑发展身体和掌握知识、技能的需要，根据各项教材的特点和价值，采用不同的、恰当的排列方式。除少数价值高、需要反复出现的课程内容采用螺旋式外，多数内容可采用混合式或直线式排列"。然而，笼统、概括性地说明体育课程内容由"直线式"和"螺旋式"两种组织形式远远不能解决现实中体育课程内容的组织问题，依然不能给体育教师一个明确的指示，究竟哪些内容需要螺旋式排列、哪些内容需要直线式排列的问题依然没有解决。

在近年来的体育课程研究中，一些课程专家根据课程内容精教类、简教类、介绍类和锻炼类的分类方式来确定课程内容的"直线式"和"螺旋式"组织形式，并在此基础上更进一步对直线式和螺旋式进行程度上的区分，提出了充实螺旋式、单薄螺旋式和充实直线式、单薄直线式的观点，认为精教类内容宜采用充实螺旋式排列，简教类内容宜采用充实直线式排列，介绍类内容宜采用单薄直线式排列，锻炼类内容宜采用单薄螺旋式排列，并在单元划分和所占比例上给予建议。这是当前关于体育课程内容组织的较为合理的方式。本研究借鉴此种分类与排列方式，并结合体育课程教学实际情况进行调整。

2.学校体育课程内容的排列体现出纵向组织与横向组织的特点

纵向组织又称序列组织，是指按照一定的准则以纵向顺序从已知到未知、从具体到抽象地排列课程内容。长久以来，这种排列顺序一直是教育家、心理学家的主张。横向组织是打破学科界限和传统的知识体系，将各门学科的知识横向联系起来，以学生发展阶段需要探索的社会问题和最关心的问题为依据组织课程内容。纵向组织注重课程内容的独立体系和课程知识的深度，横向组织则强调课程内容的综合性和课程知识的广度。

泰勒认为，课程内容纵向组织的基本标准是"连续性"和"顺序性"。"连续性"强调课程要素的重复，指将选出的各种课程内容在不同的学习阶段给予重复，从而得到巩固；"顺序性"强调要素的扩展和加深，指将选出的课程内容，根据学科的逻辑体系和学生的身心发展阶段，由浅入深地组织起来。体育课程内容由于课程整体的逻辑性不强，很难找出一个合适的逻辑排列顺序，但是，就某一项运动项目来说，其技术结构和战术要求还是具备一定的逻辑关系的。体育课程内容的纵向排列可以体现在某一项目单个技术、组合技术、技术的灵活熟练运用等顺序上，如排球的发球、垫球、传球、扣球、跑位均属于单个技术，传球与垫球结合、传垫球与扣球结合则属于组合技术，而将其联系起来的比赛则是运用。它们前一个内容是后一个的基础，在学习后一个内容时要先复习前面的内容，属于内容的连续；也可以体现在一个内容的不断扩展和加深上，如技巧运动中的前滚翻、鱼跃前滚翻、跳箱上的前滚翻、双杠上的前滚翻则属于内容的扩展与加深。

3.学校体育课程内容排列遵循特定的逻辑顺序与心理顺序

课程内容的组织既要考虑逻辑顺序，又要考虑心理顺序，已经得到课程专家的认可，也成为课程内容组织不可忽视的规律。所谓逻辑顺序，就是指科学知识本身的系统和内在的逻辑联系；所谓心理顺序则是指学生的心理发展顺序和心理活动顺序。这两种顺序问题是"传统教育"和"现代教育"学派在课程内容组织方面的根本分歧。传统教育派主张根据学科内在的逻辑顺序排列课程内容，强调学科固有的逻辑关系，忽视学生的发展；现代教育派则强调注重学生身心发展规律，按照学生的思维发展、兴趣、需要和经验背景组织课程内容。

体育课程内容排列的逻辑顺序体现在同一项目内部技术结构上，如篮球运动一定要先学会运球和投篮，才能学习三步上篮的技术动作，一定要学会运球、基本的胸前传球技术、击地传球、投篮等基本技术之后，才能进行传切配合等战术学习；而心理顺序排列主要以身心发展规律为基础，如学生身体素质练习一定要符合该项素质发展的年龄阶段等。

第五节 学校体育课程实施是体育课程的实现途径

课程实施作为一种重要的课程形态，在课程体系中起着极其重要的作用，是课程改革得以推行的主要途径。课程目标、课程内容作为课程体系的主体要素始终处于理想的设计状态，就像建筑师的图纸一样，要想将其变为现实，就必须通过课程实施来实现。课程实施是从理念构思到现实蓝图的必备环节。加拿大著名教育家、课程专家迈克尔·富兰（M.Fullan）曾说过："在过去的25年里进行的教育改革，很少有在实践中获得所希望的实施效果。"由此可见课程实施对于课程改革的重要性。

一、对学校体育课程实施的认知

课程实施是从理念到现实的转换过程，既是课程理论研究问题，也是课程的实践性问题，更是现代课程理论研究的热点问题。与课程领域的其他问题有所区别的是，课程实施是一个非常难以定义的问题。如何理解课程实施的含义、如何理解课程实施的过程，是分析和研究课程实施问题的前提条件。

（一）学校体育课程实施的含义

20世纪60年代末到70年代，众多课程专家在研究课程问题中发现，许多课程方案、课程设计没有达到预期的结果，审视其原因发现，并不是因为课程改革方案本身不够优秀，而是在实施的过程中没有贯彻课程改革的理念，没有将设计落到实处，使得课程实施与设计本身发生了偏差。而且，课程实施的过程不仅是采纳和使用课程方案的问题，它是一个动态的过程，在课程实施的过程中，执行者往往会加入个人的观点和认识，而由此引起实施过程的不同反应，也导致实施结果的不同。那么，什么是课程实施呢？

考察课程研究的众多文献发现，中外专家学者从不同角度对"课程实施"进行了界定。大体有两种类型：一是认为"课程实施"属于"课程改革"的研究范畴，即将课程改革的措施付诸实践的过程；二是认为课程实施是课程开发和编制的环节之一，是实施课程计划和课程方案的过程。

从第一种意义上研究课程实施是国外课程研究的传统。在国外，课程实施的定义一般是将其看作改革思想变为实践的过程。1991年出版的《国际课程百科全书》解释：课程实施"是把某项改革付诸实践的过程"。富兰的定义为："课程实施是把某项改革付诸实践的过程。它不同于采用某项改革，实施的焦点是实践中发生改革的程度和影响改革程度的那些因素。"在他看来，课程实施是课程变革过程中的一个重要阶段，实施即是缩短现存实践与改革所建议的时间之间的差距。

在我国，尽管人们认同上述的界定，但是由于教育环境和语言系统的差异，人们对课程实施也赋予了新的理解，也就是第二种意义上的课程实施，即从课程开发的视角将课程实施作为课程开发的一个环节。"课程实施是把课程计划付诸实践的过程，它是达到预期课程目标的基本途径。"这种界定认为课程实施就是将既定的课程推向学生、将课程内容转化为学生知识结构内在组成部分的过程。本研究中所讨论的学校体育课程实施也是建立在这种定义基础之上。

学校体育课程的实施就是把体育（与健康）课程标准（课程计划、课程指导纲要）付诸实践的过程，是达到预期体育课程目标的过程，也是把体育课程标准（课程指导纲要）所规定的课程内容及在课程标准指导和要求下选择编制的课程内容转化为学生内在知识能力结构的过程，是提高学生体育文化素养的核心途径。

（二）学校体育课程实施的本质是"行动"

在西方，课程实施从本质上讲，是一种课程变革的过程。如果把课程决策、课程设计看作拟订变革计划的过程，课程实施就是课程变革过程本身，是课程变革的主体。约翰·麦克尼尔（John McNeil）很形象地将课程变革划分为以下内容：

（1）替代，即一个因素取代另一个因素；

（2）改变，即把新内容、新章节、新材料和新程序引入原有的计划，由于改变的幅度很小，比较容易接受；

（3）搅乱，即打乱原有的课程计划，但是会很快得到调整，获得新的计划；

（4）重构，调整学校或学区的系统本身的结构；

（5）价值取向的改变，指参与者的哲学理念或课程取向发生变化。

但是，无论是哪种变革，其主体都是课程实施。无论哪一种变革，都包含着一个行为动词在里面，如"替""改""搅""构""革"。所以，美国学者奥恩斯坦（Ornstein.A.C.）等指出："课程实施是一个'做'的过程，它致力于学习者个体的知识、行为和态度。它是一个创造课程方案者和传递课程方案者之间的互动过程。"因此，可以说课程实施的本质是行动的过程，通过这种行动过程将观念形态的课程转化为学生可以接受的课程，由此实现课程内在的教育意义。

体育课程实施"做"的特征表现得更为显著，行动过程的本质体现得更为明显。一方面，体育课程的实施是将体育课程标准和指导纲要付诸实践活动的过程，它使得具有远景的体育课程思想指导下的课程目标、课程内容由原始的文本文件向教育实践活动转变，使之成为学生自身具有的、能够促进学生发展的、内在的知识结构。没有这一层面的"行动"，再好的课程设计也无法变成现实，再优秀的建筑蓝图也只能束之高阁，无法成为雄伟的实体。另一方面，体育课程的实施过程是师生共同的、在智力指挥下的、表现为身体实践活动的"做"，运动技能的学习是最明显的"行动过程"，即便是体育理论知识的学习，大多数也是在身体实践活动的同时得以实施的。因此，体育课程实施的本质就是通过身体的"行动"实现课程实施"行动"的过程。

（三）学校体育课程实施的价值体现

学校体育课程实施是一种综合性的教育实践活动，具有多种价值体现。"变革是一项旅程，而不是一张蓝图。"学校体育课程改革想要获得预期的效果，就必须通过体育课程实施来实现。曾有研究表明，35%的学习结果的差异可以归因为课程实施过程的差异。由此可以看出课程实施之于课程改革的重要性。体育课程实施对于体育课程改革同样具有重要价值。

第一，体育课程实施是使学生学习体育技术技能知识的基本途径。体育课程最本质的目标是传承体育文化知识。这一目标必须经过体育课程的实施才能付诸现实。在课程实施的过程中，学生在体育教师的指导下学习课程标准和指导纲要所规划的课程，或者独立参与课程规划的体育活动，通过这种学习将课程中的体育学习内容逐步理解、消化、吸收并转化为自身内在的文化素质和运动技能素质，或者按照课程标准和指导纲要的提示，从实践的情景中吸收教育环境因素并将其转化为自身的内在素质，从而实现学生对体育知识的学习与获得的任务。

第二，体育课程实施是体育教师专业化发展的基本途径之一。体育教师专业化发展是教师个体人生规划的一项重要任务，也是时代、社会赋予教师的使命。拥有优秀的体育教师队伍，才能拥有高效率的课程实施效果，才能最大限度获得课程变革的成就。体育教师专业化发展的途径是多种多样的，其中包括体育教师专业培养和专职培训、体育课程实施、体育课程决策与设计、体育教学科学研究，等等。由于体育教师工作职责中占据主要地位的是实施体育课程和课余训练等，因此在上述途径中，体育课程实施显得尤为重要，并且，体育教师专业化发展的各种途径是相互联系、相互促进的，体育课程实施不仅是教师专业化的途径，而且为其他途径的实现提供了重要的发挥作用的舞台。

第三，体育课程实施是改进、完善体育课程和创造新型体育课程的重要途径。一方面，体育课程的质量如何，最主要的检验途径就是通过课程的实施来判断。在课程实施的过程中，可以发现课程存在的问题，通过对问题的分析查找产生问题的原因和解决问题的途径，同时也可以发现课程的优势并寻求更为合理的发扬优势的途径。在这个发扬与发现的过程中，结合课程实施及相应的改进措施，不断改进和完善体育课程。另一方面，在体育课程实施过程中，体育教师和学生还通过自身的体验、领悟和创造，不断形成新类别的体育课程，这些课程对原有的课程本身的丰富、体育教师专业发展、学生身心发展极为重要，对学生的个性发展的作用尤为突出。

第四，体育课程实施是传递人类体育文化，创造体育课程文化、体育教学文化和整个社会文化的重要途径。体育课程文化、体育教学文化是整个人类社会文化的重要构成因素。课程实施的过程不仅是存在于表面的课程事件和教学事件的发生、发展和变化过程，而且也是传递人类体育文化的过程，同时还可以在此过程中从更深的层次上形成体育课程文化、教学文化的延续性和整体性的变化，这种变化的核心是价值的形成和改变。

第五，体育课程实施是进行体育课程与教学研究的重要场所。一方面，就体育课程研究来说，仅仅停留在课程决策方面及课程决策的各个环节的研究是远远不够的，更重要的是研究场所是体育课程的实施过程。只有在课程实施过程中，才能对体育课程质量和价值做出科学合理的检验和判断，从而对各种有关的体育课程理念和课程理论做出相应的判断，进一步调整、补充和修正课程，得出新的课程决策方案。另一方面，就体育教学研究而言，由于体育课程实施过程的主体环节与实施环境都处于体育课堂教学之中，通过对体育教学各个环节的研究可以真实地反映课程实施的效果，并针对各种不同的效果提出和调整、修正课程理论。

综上所述，体育课程实施实际上是体育教师与课程设计者、体育教师与学生、体育教师与课程本身、体育教师与科学研究者之间的相互交流和沟通的过程，在这样的沟通过程中不断修正课程文件、提高课程质量、调整课程方案、传递和创造课程文化，以达到课程本身的目标。

（四）体育课程实施的三种取向

20世纪70年代，"课程实施"问题进入课程研究者的视野，首先引起关注的是有关课程实施的概念和意义的探讨。进入20世纪90年代后，这种局面逐渐被打破，课程研究者的注意力开始转向课程实施取向的研究和课程实施程度的研究，这标志着对"课程实施"研究的进一步深化。在课程实施过程中，由于相关人员对待课程的态度、对课程实施和课程设计的理解不同，在课程实施过程中的表现出现差异，从而引起课程实施效果的变化。这种态度、理解和行为就构成了课程实施的取向问题。关于课程实施取向问题的观点，最权威的莫过于美国学者辛德等人的观点。他们对课程实施的取向问题进行分析、归纳，认为分析课程实施可以基于三个角度，即忠实观、相互调试观和课程创生观，从而形成了课程实施的三种取向，即忠实取向、调适取向和创生取向。

对体育课程实施进行研究，首先要清楚体育课程实施的价值取向。对体育课程实施过程的各种要素（如教师、学生、教材、课程环境等）及课程计划与课程实施过程之间关系的认识程度不同，所形成的课程价值取向也不相同。

1. 课程实施的忠实取向

课程实施的"忠实取向"是指最大限度地按照课程计划的原本意图去实施课程。其基本主张是课程的实施过程要"忠实地"反映课程设计者的意图，以设计者规定的教育目标、课程内容为基本目的，并力求按照设计中所规定的学习方式、评价标准和方法来评判学生的学习，不能改变原有的设计。

在这样的课程实施体系中，课程的设计者和执行者完全分开，角色定位非常明确，设计者即课程专家负责按照一定的教育思想和课程理念决策制定课程目标、内容和方法；执行者即教师完全按照设计者的设计及设计者给予教师的建议和指导执行规划好的课程变革，无须做任何改变。按照这样的取向，最终设计者所关注的是检查、判断课程实施的程度和影响课程实施的因素。我国 20 世纪 90 年代以前，基本上是按照这种取向实施课程的，全国基本按照统一的体育教学计划、统一的体育教学大纲、统一的教学进度和统一的体育教材组织实施教育活动。20 世纪 90 年代以后，逐渐在原有基础上增加了一些自主选择性课程内容。但是，忠实取向的课程实施在我国已经形成了稳定的模式，体育课程的设计权依然归属于国家教育部和课程专家们，虽然给予体育教师一些发展的空间，但基本的框架还是一种固定的模式。

忠实取向的课程实施集中反映了科学主义思潮在课程运作过程中的表现：课程实施过程是程序化的，专家设计的课程体现的是客观性知识，是可信赖的、普遍适用的，是值得任何学校、任何教师在教学中遵循的。

2. 课程实施的互动调适取向

20 世纪 80 年代初，美国从一些课程改革的"失败"中感觉到，以往课程实施过程中，课程决策者和设计者忽略了一个实际的问题，即"人们在实际中做了什么和没有做什么是一个关键的变量"。课程实施过程中的课程变化和相互调节是不可避免的，正如富兰所说："变革是一个过程，而不是一个事件。"不能将设计方案看作一成不变的或者是完全可以按照设计原样实施的，应该用动态的、变化的方法来看待课程实施。因此，就产生了课程实施的互动调适取向，即教师可以根据具体的教育情境对原有的课程计划做出适当的调整。这种价值取向的课程实施主张教师可以不按照设计者的意图和既定的课程计划去实施课程。既定的课程计划在设计的过程中考虑的多是学校教育的共性，但不同的学校、不同的学生及不同的教师都具有个性特征，课程实施在不同的区域会遇到不同的问题。因此，为了保证课程计划的实施就必须对其做出适当的调整。这就要求课程本身具有一定的灵活性，给教师留有预定的空间对课程的各个要素进行理解、评价、判断并做出适当的调整。

互动调适取向的体育课程实施是一个动态的连续过程，由课程专家和体育教师共同面对体育课程实施中的各种问题。认为自己的行为和设计最完美，而将问题推卸给对方的态度是不合理，也是不可取的。面对课程实施过程中的问题，课程专家应及时审视课程设计的理想与现实之间存在的差距，体育教师则要反思实施过程中的不利因素，二者之间相互给予指导和建议，以便达到最好的体育课程实施效果。

3. 课程实施的创生取向

课程创生取向认为，课程是学生与教师在具体情境中的创造性的教育体验，即课程在实施之前并没有固定，课程实施的过程也是制定课程的一部分。官方的课程文件、纲要和教材不再是需要执行的图纸，而是帮助教师和学生创造课程的工具。教师既是课程实施的执行者，也是课程的开发者；学生既是课程实施的参与者，也是课程的创造者。这种取向的课程实施不再以专家的意见为依据，教师和学生共同成为课程创生的主体，强调将教师和学生的经验与课程相互融合。

这种取向最大限度地发挥了教师和学生在课程制定中的作用，是一种理想化的思路。但是在实际设计与实施中，不是所有的教师都是课程研究的专家，都具有课程设计的能力，对教师的期望值过高，会使许多教师感到力不从心，压力过大。新的《体育与健康课程标准》在实施过程中就遇到了这样的问题。但是，让教师更多地参与到课程制定的过程中已经成为国际课程改革的趋势。这也是提出教师专业化发展的依据，只有对教师进行培训，使之符合课程研究的条件，才能逐步实施这种取向的课程。

事实上，课程实施的价值取向只是对课程实施活动的一种理论上的提升，在课程实践过程中，既不存在单纯的忠实取向、调适取向或创生取向，也很难将它们严格区分开。课程实施的取向不仅揭示了教师在课程实施过程中的倾向性，也显示出教师在课程实施中的重要性及教师工作的复杂性。

二、学校体育课程实施体系的构成要素

课程实施有两个方面的定义，而本研究把重点放在第二种，即"课程实施是把课程计划付诸实践的过程，它是达到预期课程目标的基本途径"。也就是说，本研究的课程实施指的是体育课程在学校内部范畴的实施过程。

学校体育课程的实施体系就是在课程理念指导下，由体育课程实施过程中的实施

主体、实施途径、实施环境和实施效果构成的具有相互关联的统一体。其中实施主体是体育课程实施过程的执行者、课程学习的参与者和实施过程的保障者，即体育教师、学校校长和学生，是课程实施的必备条件，没有了主体，课程实施就成为空谈；实施途径是课程实施的主体和课程学习的主体之间相互联系的纽带，即体育教学。体育课程实施的环境是主体和途径赖以存在的基础，没有了课程实施的环境，体育课程实施就失去了生存的土壤。课程实施效果是课程实施过程中，实施主体通过实施途径在实施环境条件下，对课程的学习主体产生的影响，也是课程实施最终的目标。课程实施的效果通过学生主体反映出来，又会给体育教师和校长提供反馈，便于修正、完善课程实施计划和课程设计。课外体育活动是对体育课程的补充，虽处于实施体系的边缘，却有一定的作用。

（一）"人"是学校体育课程实施的直接主体

体育课程在实施过程中涉及人员是多样的，包括课程设计者（课程专家、体育教研员、政府相关部门的决策人员）、体育教师、学生和学校的管理者（校长、课程管理员）、学生家长等。这是一个多元化的主体构成结构。在整个课程设计、实施过程中，这些人员都会对课程的实施产生影响，但是他们承担的角色和发挥的作用是有差异的。学校是课程实施的核心，学校的影响作用是课程实施过程中最主要的，也是不能忽视的环节。

1. 体育课程实施中的教师角色定位

研究体育课程实施的主体当首推体育教师。体育教师的首要任务是实施体育课教学，课程实施的成功与否、质量高低首先取决于体育教师的工作。而体育教师的角色定位就是对体育教师在课程实施中的地位与作用的良好说明。

角色，是指处于一定社会地位的个体或群体，在实现与其地位相关的权利和义务时所表现出来的符合社会期望的行为和态度的总模式。"角色"一词属于戏剧用语，后被引入社会学、心理学等学科中。在这些学科领域里，角色由社会文化规定。社会对每一个角色给予的一定期望或规范要求，决定了个体在占据某一位置时应该表现的行为和应该具有的特征。教师角色问题直接关系到课程实施的问题。

2. 体育课程实施中的校长角色定位

校长是学校的灵魂，是一所学校的首席"执行官"，是上级教育行政部门的相关政策的"执行者"，是介于学校所有学生、教职员工与上级教育行政部门之间的"桥梁"。校长是学校一切事务的决策者和管理者，也是学校课程决策和课程教学工作的引导者与设计者。在今天课程改革的背景下，在课程权力不断下放、地方教育机构和学校对课程具有越来越大自主权的情况下，学校的校长对学校各门课程的设置、实施、课程环境的教学完善以及教师的工作具有绝对的话语权。"教育革新成功与否，校长起着核心作用"，学校在教育革新实施之际，起关键作用的是校长。受校长支持和教师理解的教育革新比不支持、不理解的教育革新容易实施。由此可以看出，在学校顺利有效地实施体育课程，校长的作用是不容忽视的。

3. 体育课程实施中的学生角色定位

学生是体育课程实施的直接参与者，也是接受体育课程教育的对象，学生对体育课程的认知程度和喜爱程度，直接影响学生参与体育学习的积极性和主动性，从而影响体育教师对体育课程的执行情况，影响体育课程实施的效果。由于学生是体育课程实施过程中的教育对象，是体育学习的参与者。学生的角色首先是体育课程实施的接受者，是体育教学的"原石"，是体现体育课程效果的"成品"。然后才是体育学习行为发生的主体，学生的作用就是参与体育课程实施，积极、主动、能动地接受体育课程教育。

（二）体育教学和课外体育活动是体育课程实施的重要途径

"途径"也可以写作"途迁"。其含义为：方法、路子、路径，多用于比喻。清代李渔在《玉搔头·缔盟》中说："就是这个尊衔，也只好借为途径。"夏仁虎在《旧京琐记·考试》中说："考试取士为清代登进人才唯一之途径。"这里的"途径"是方法、路径的意思。体育课程实施的途径就是指在课程实施过程中，将体育课程计划、方案等由文本资料变为课程实践活动，以达到预期目标的方法和路径。

在体育课程实施过程中，这种途径的核心是体育教学。另外，作为学校体育工作内容的课外体育活动是为了实现体育课程目标要求而设立的对体育教学起到补充作用的辅助手段和方法。

1. 体育教学是体育课程实施的主体途径

体育课程是学校教学计划中所规定的必修课，是学校体育教学的基本组织形式，是实现学校体育教学目标的主要途径。体育教学是体育教师在规定时间内，对相对固定的学生按照《课程标准》的规定而实施的体育课堂教学活动，它是体育课程在学校体育中的主要表现形式，是实现体育课程目标的主要途径。

体育教学的主要作用在于传授知识、形成技能、培养智能和发展个性。这四个方面是相互联系、相互重叠渗透的统一体。传授知识即向学生传授体育学科的基础理论知识和运动技术技能知识；形成技能即在体育课程中按照运动技能的形成规律帮助学生掌握体育运动技术，发展运动能力。知识传授是形成技能、培养智能和发展个性的基础，运动技能形成过程与体育知识传授过程是统一的，两者互相依存，不可分割。这两个方面是体育教学最基本的作用和功能。培养智能和发展个性是建立在传授知识和形成技能基础上的，是在体育知识传授和运动技能形成过程中的辅助产品。

2. 课外体育活动是体育课程实施的辅助途径

课外体育活动有多种解释。第一种，课外体育活动是学生在学校内外参加的体育课以外的有组织的体育活动。第二种，课外体育活动是在体育课程以外，以健身、保健、娱乐为目的的体育活动，以提高运动技术水平为目的的课余体育训练及为丰富学生课余文化生活而举办的课余体育竞赛的总称。第三种，课外体育活动是指课前、课间和课后在校内进行的，以全体学生为对象，以保健操、健身活动为主要内容，以班级为基本组织单位，以满足广大学生多种身心需要为目的，促进学生身体、心理和社会适应能力和谐发展的体育锻炼活动。

无论哪种解释，始终要坚持课外体育活动首先是体育课以外的活动。

课外体育活动的作用主要表现为：满足学生参与体育活动的需求，有效促进学生的身体发育和体质的增强；巩固体育课上学习的知识和基本的技术技能，提高体育运动技术，形成学生自身的运动特长；丰富学生课余生活，促进学生在身体、心理和社会适应方面的全面发展；培养和发展学生的体育兴趣与能力，为终身体育奠定基础。

（三）教学环境是体育课程实施的基本保障

体育课程实施是发生在教师与学生之间的人类体育教学实践活动，因此，课程实施也有其特有的、密不可分的环境。环境对处于其中的课程实施行为亦会产生影响。体育课程实施最直接的表现形式是体育课，而实际上体育课是体育教学活动的组织形式。因此，体育课程实施环境就是体育课所处的环境，也就是体育教学活动发生的环境——体育教学环境。

教学环境是一种特殊的环境形式。概括地说，教学环境就是学校教学活动所必需的诸客观条件和力量的总和，是按照人的身心这种特殊需要而组织起来的育人环境。教学环境具有广义和狭义之分。广义的教学环境是指社会制度、科学技术、家庭条件、亲朋邻里等。而狭义的教学环境则是从学校教学工作的角度定义，教学环境主要是指学校教学活动的场所、各种教学设施、校风班风和师生人际关系等。本节中课程实施的环境指的就是这种狭义的环境。由此，体育课程实施环境就是体育课程实施（教学）活动的场所、各种体育场馆、体育设施、体育器材，校风班风和师生人际关系等条件的总和。

（四）体育课程实施效果

效果是指由某种动因或原因所产生的结果、后果。汉语词典对其有三个方面的解释：一是由某种因素造成的结果，如收到良好的效果就是这个意思。二是指演出活动中人工设计安排的光照、声音等，如模拟火车开动的音响效果很逼真。三是"动机与效果"，动机指人行动的主观愿望；效果指人实践的客观后果。

体育课程实施效果就是通过体育课程实施活动将体育课程计划、方案付诸实践后产生的结果。这种效果往往通过课程实施对课程目标的达成程度来反映，具体由学生所产生的变化来体现。

三、学校体育课程实施主体现状分析

根据上述体育课程实施体系的构成要素，对当前体育课程实施情况进行调查，并进行理论上的分析与讨论。

（一）对体育教师的调查结果与分析

教师是教育事业的支柱，是提高教育质量和水平的关键所在。体育教师是学生健美体魄的塑造者，是学生优秀品德的培养者，是体育人才的启蒙者，是体育文化的传播者，因此，体育教师必须具有一定的专业知识，懂得教育规律，具备教育和教学的各种能力及高尚的品格和强健的体魄。体育教师要热爱本职工作，要专心投入体育教学，要适应课程改革的变化不断进行专业学习以提升自身专业素养，更好地实施体育课程教学，做好学校体育教育工作。

（二）体育课程实施中校长对体育课程的态度

笔者借助指导体育专业学生实习和巡视指导顶岗实习支教学生的机会与一些中学的校长进行了交流，通过整理、汇集各位校长的观点发现以下问题：

第一，各位校长都认为体育是学校必须开设的一门课程，但是具体的开设原因却不一样：一是体育课程可以适当缓解学生的压力，课外活动基本没有了，让学生在体育课上高兴一会儿，没什么不可以；二是认为体育课程是教育部门规定的必修课；三是学生在学习其他课程的同时，应该受到体育的熏陶，如果学生不会一项体育活动，以后可能在交往上都要受限制了。由此可见，学校开设体育课虽然是必要的，但受认可程度是不同的。

第二，关于是否按照要求保障了体育课程的教学时数，多数是没有。城市学校情况比较好，但是乡镇学校基本上没保障。一是体育教师没有保障，教师少，体育课上不过来，只好先保证中考的初三年级，其他的看情况；二是低年级开设时数能保障，毕业年级适当减少，让位给文化课；三是校长本人觉得规定的课时数有点多，每周一节课感受一下就可以了。

第三，对体育教师工作与其他教师相比，在薪酬上是否有区别时，多数校长都持否认态度，在教学工作量上是基本相同的，但是学科教师会有绩效奖励，如毕业班成绩好，考上重点中学和大学的学生多，教师就会获得学校给予的奖励。但是他们也表示，体育教师的工作是比较繁多的，一些体育教师在担任教学工作之外，还兼职学校其他部门的一些工作。

第四，在关于对体育课程的重视程度问题上，校长们没有发表太多意见，认为如果给予他们足够的时间、相应的政策，适当减少升学压力和成绩要求，他们是可以做到全力支持体育工作的。但目前的状况是成绩决定了学校的生存，没有成绩就没有生源，学校的生存就成了巨大的问题。

（三）对体育课程实施的学生主体分析

学生是体育课程实施的直接参与者，也是接受体育课程教育的对象，学生对体育课程的认知程度和喜爱程度，直接影响学生参与体育学习的积极性和主动性，从而影响体育教师对体育课程的执行情况，影响体育课程实施的效果。

四、提高体育课程实施效果的对策

要提高体育课程实施的效果，必须对体育课程实施的各个环节进行完善。

（一）充分发挥主体在体育课程实施中的积极作用

体育课程实施过程中的主体是多样化的，发挥主体作用的策略涵盖着各个层次的主体策略。由于体育教师是体育课程实施的核心主体，因此，本研究重点探讨发挥体育教师作用的策略。

1. 加深体育教师对课程的理解

行为的产生依赖于对事物的理解和认知,理解和认知的程度越深刻,行为就越有效。在很多情况下,体育教师对课程实施的积极性偏低,是因为体育教师对课程缺乏理解。例如,在体育教师适应了按照教学大纲规定的内容进行体育课程教学的模式之后,新课程突然间将具体的体育课程内容变成了该内容需要完成的任务或达成的目标,由过去具体的、可操作的课程材料变成了笼统的、抽象的课程要求,让教师完全自主安排教学内容。体育教师无法适应这种状况,更不理解为什么变成这样,变成这样要达到什么结果,这样的结果对学生发展和体育教师的发展有什么价值?一系列的困惑和困难摆在面前,使体育教师很茫然。

2. 组织和激励体育教师开展课堂改革,创造具有生机和活力的体育课堂

课程实施是一个不断更新、变化的过程,要在课程实施过程中不断对体育课程进行改善、调整、补充,就必须经常性地进行课堂变革。要让体育课堂充满生机和活力,就必须改变那些无论教什么内容,体育课程都是从跑步热身开始、简单的徒手操、教师教学、学生练习、活动、下课的流程顺序,就必须改变不同年级、不同班级、不同的教学内容、不同的教师在同一时间上体育课程,操场上却出现几个班级同时跑步两圈、教师或班长组织做关节操等满场一致的局面。

3. 鼓励和组织体育教师进行校本课程研究

所谓校本课程,就是由学校自己决定和设计,在本校范围内实施的课程。发展校本课程是当前我国中小学课程改革的一个重要趋势。校本课程发展的主体力量是教师。

鼓励和组织体育教师进行校本课程研究,一是因为校本课程更加适合学校和学生个人的特点和需要,可以弥补国家课程和地方课程在实施过程中的不足,如国家和地方课程中的某些项目在学校不具备课程学习的条件,无法形成课程实施活动,就可以通过校本课程的形式补充与之相应的课程内容。二是有助于体育教师体验体育课程决策与设计的过程,从而增强对课程的理解力,而对课程的理解力又是进行课程实施的重要基础。在学校,不是每一个体育教师都有机会参与到国家和地方体育课程的设计和变革中,多数体育教师不明白课程是如何创生出来的、课程的基本要素是什么、都有什么样的作用,通过校本课程的研究过程,可以帮助教师弥补这一过程的缺失。三是通过校本课程发展,促使教师增强自我效能感和自信心,从而增强对体育课程实施的动力和积极性。校本课程研究过程中,体育教师通过直接参与课程研究、制定、实验和检验,提升自身的能力,同时也检验自身的能力,在课程开发的过程中找到自己

的位置，体验课程研究的成就。

4. 加强体育教师的业务学习、培训

体育教师的业务学习和培训是体育教师通过学习相关的理论知识和技术技能，来提高自己的课程实施素质，尤其是关于课程实施素质中的课程意识、课程理念、课程改革知识、学科前沿知识和新体育项目、新教学手段和方法、新教学模式和课程结构等。其主要实现途径如下：

一是专家引领，邀请体育课程和教学领域的知名专家、大学体育教师、体育教研员等为体育教师开设专题项目，通过聆听理论学术报告和讲座获取信息，开阔视野，提高素质；通过观摩实践和录像，领略特级体育教师的体育示范课，学习体育课堂设计理念、方法和艺术；邀请体育领域的课程实践专家亲临教学实境，现场对体育教师的教学过程和环节进行诊断评价，分析过程、找出问题、总结经验、提高水平；还可以通过个别指导、网络互动、助教研修等方式实现专家引领体育教师提高业务素养。

二是校本教研培训，以体育教师所在学校为基地，立足本校体育资源，以解决本校体育课程实施中的问题为宗旨，依靠学校自身的力量进行教师培训学习。

三是院校合作，专业进修。实现高等院校体育专业与基层学校的合作，利用高校的体育资源为体育教师提供相应的培训课程。要求合作院、校之间紧密联系沟通，了解体育课程实施环节的具体问题，有针对性地开展培训，为体育教师提供最需要的业务进修素材。有条件的学校，可以建立体育专业院校的专业硕士研究生实习基地，委托体育教师指导实习，在此过程中，既锻炼了研究生的教学实践能力，又使得体育教师为了更好地指导学生，而认真钻研业务，提高水平。

四是短期培训，技术学习。通过各级教育部门为体育教师定期组织相关的技术学科培训，不断丰富体育教师的教学素材和运动知识。

五是体育教师还可以通过自学的方式进行业务学习，这也是教师学习最可行、最经济的一种方式。

5. 培养体育教师的教学反思习惯与能力

反思性实践是体育教师在体育课程实践中不断系统深入地进行课前反思（对备课情况和体育课教学方案反思）、课中反思（课堂教学每一个环节的反思）和课后反思（下课之后的总结），通过这种反思性的实践发现自身备课、上课、课后总结的不足，并及时学习、修正，从而不断提高课程实施效果的过程。体育课程实施中的反思性实践活动具有探究性、开放性、民主性、批判性特点，有助于体育教师采取适宜的教学行动，使体育课堂生动活泼，形成良好的师生情感；有助于教师形成关于实践的基本原理，提高体育课程实践能力和水平；有助于促进师生信任关系，避免伤害。

6. 体育教师要正确认识、理解学生主体地位

体育课程实施中有两个"活性"主体的存在，一个是体育教师，另一个是学生。但是，这两个主体的站位是不同的，体育教师是课程实施的执行主体，而学生是体育课程实施的参与主体。这种主体的定位，就决定了学生从参与课程开始，实际上是处于相对被动的地位的。被纳入体育课程实施过程中的学生首先是作为教育对象而存在和参与活动的，学生的地位首先是教学的对象，然后才是学习的主体。

7. 处理好体育教师主导与学生主体的关系

学生是体育课堂学习的主体已经得到了体育教师的公认。学生在体育学习中的主体性表现在学生在课堂学习活动中的选择性、自主性、能动性和创造性；同时，学生作为体育课程实施的对象，作为体育教学的对象，还具有受动性、依附性和模仿性等特征。体育课程实施过程中要在发挥体育教师主导作用的同时，注重学生主体作用的发挥，强调学生主体性，处理协调好二者之间的关系，才能保障体育课程的顺利实施，否则就会从重教轻学的极端滑向重学轻教的另一个极端。

（二）提高学生体育学习积极性的措施

学生是体育课程实施过程中的参与主体，体育课程目标最终要通过学生的学习结果，即课程对学生的身心发展效果来反映，因此，必须确立学生的主体地位。如何发挥好学生在体育课程实施过程中的主体作用，主要有以下几方面：

1. 提高学生对体育课程的认识

使学生明确知道体育课程在学校课程中的性质和地位，以及与学生考核、升学的关系；对学生进行体育课程价值、意义、功能的教育，使学生形成正确的体育观，了解体育课程对学生自身发展的作用。由此，从学生自身方面提高参与体育课程学习的积极性。

2. 通过各种途径培养和提高学生参与体育活动的兴趣

兴趣是最好的老师，可以激励学生产生主动探索、发现的动机，动机会促进行为的产生。

3. 发挥学生在体育课程实施过程中的主体作用

鼓励学生积极思考、体验，邀请学生参与体育课程研讨，尊重学生的意见，并合理采纳有建设性的建议。

4.发挥学生群体体育骨干作用

建立合作小组、互助小组，使学生有机会辅助他人，确立自信心。

5.开展丰富的活动，使学生有成就感，激发学生的责任心

使体育基础差的学生得到帮助，使体育基础好的学生获得运动体验，在体育课程之外，以集体荣誉感促使学生积极参与体育课程学习以外的体育活动，并对体育竞赛、体育艺术节、班级对抗赛等多种形式活动的参与范围提出要求，多开展全体学生的活动，利用学生为班级争光的荣誉感激发学生的责任心，使之不甘落后，积极参与体育学习与锻炼。

6.通过外围因素促进学生的体育学习

这里所说的外围因素包括相关部门的制度、社会的推动力、家庭的影响等。例如，中考体育成绩加分制度、家长的正确引导、社区活动的组织等，都会对学生的体育态度产生影响。

（三）发挥校长主体作用的措施

校长是学校整体教育工作的管理者和具体工作的执行者，是学校课程分配的决策者，是体育课程得以实施的有力保障者，也是体育工作的监督者。发挥校长的主体作用有利于体育课程的实施。

1.使校长增长体育兴趣，重新认识体育课程

校长对体育课程的认识程度与他们给予体育课程的支持是呈正向发展的。校长对体育越了解，认识程度越高，给予体育工作的支持力度就越大，因而体育教师应通过多种方式，邀请校长参与体育活动，增长培养体育兴趣；在情况允许的条件下，由体育组根据实际情况，利用学校条件开发一些健身活动项目，提供给全校教师参与；体育组长、体育教师在认真做好本职工作的前提下要主动同校长交流，让校长了解学校体育课程状况、体育教师的工作情况。

2.邀请校长参加体育校本课程开发

一方面，现在的校长多数是某一学科的优秀教育者，都懂得教育的规律和课程的设计，邀请校长参与课程开发活动，可以得到来自校长的教育理论、课程理论的指导；另一方面，有助于将体育教师的工作展示在校长面前，得到校长的认可。

3.通过体育活动给学校带来更多的荣誉

通过体育教师和学生的共同努力，获得竞赛的优异成绩；通过教师评优课，得到体育同行的认可；创编具有特色的学生健身操，加入学校课间操内容，展示体育教学

成果，并可以作为上级检查、同行观摩时的一项代表学校特色的活动进行展示，提升学校的知名度。笔者曾经随同"体育国培班"的学员观摩过一些学校的课间操活动，其中一所小学的课间操给笔者留下深刻的印象，在教育部门规定的广播操之后，全校学生一起做自己学校体育教师创编的武术操，动作简单、整齐划一、喊声阵阵，让所有观摩人员眼前一亮。

4.体育教师以身作则，创建有生命力的体育课堂

让校长看到充满生机的体育课程和课堂上充满活力的体育教师、学生群体。

通过上述活动，改观校长对体育课程、体育教师的认识，使其将体育课程纳入学校发展的规划，给予体育课程更多的支持和指导。

五、完善体育课程实施途径的对策

完善体育课程实施途径可以从以下两方面进行：

一方面，改变现有体育教学现状。体育教学是课程实施的主体途径，主体途径不通畅，其他辅助的途径再完善，也达不到预期效果。因而，完善体育课程实施的途径首先要提高体育教学的效率。一是要保障体育课程规定的时间。在学时设置上要按照国家要求，严格实施各阶段学生体育课程教学时数安排，不得以各种理由减少体育课程的课时。二是要杜绝其他课程、事件对体育课程的占用情况，不得以任何理由停上体育课程或挪用体育课时。三是要提高体育课程本身的有效教学时间，改变和完善体育教学组织形式。体育课程是传授体育知识的场所，虽然以身体活动为手段，但不是普通意义上的自由身体活动，身体活动是体育知识形成的途径，活动要建立在知识传授的基础上，要有计划、有组织、有目的地进行身体活动，寓身体活动于体育教学之中。即体育知识是本质，身体活动是手段。四是提高体育教师的专业素养、事业心和责任心，使体育教师认真设计每一节体育课程，认真执行每一节体育课程，让体育课程真正成为激励学生体育学习、唤醒学生体育求知、鼓舞学生积极参与的课程。

另一方面，改变课外体育活动现状，使课外体育活动真正成为所有学生的第二体育课堂。一是要积极保持现有的课间操、课余训练、运动会；二是要建立班级体育活动制度，使每个班级都有固定的体育活动时间，使班级的每一个学生都参与体育活动；三是学校要积极组织具有特色的课外体育活动，开展特色体育、民间体育、体育节活动，并形成规模、形成制度。

另外，积极寻求和发展更多的体育课程实施的辅助途径，如家庭促进模式、社区

促进模式，等等。

六、改善体育课程实施环境的对策

目前，学校体育课程的实施环境不容乐观，无论是软件环境还是硬件环境都存在一定的不足，改变这种局面是一件非常困难的事情。

首先，关于软件环境的改善。一是要加强体育课程实施的制度建设，完善各项政策、法规及教学文件的配备和学习制度；二是要加强学科理论建设，在体育理论、课程理论、教学理论等方面提升整体育工作人员的素质；三是在人员方面，建设配备合理的体育教师队伍，加强教师行为规范教育，树立良好的体育教师形象；四是加强校园体育文化建设，促进学生体育兴趣发展。通过多种方式进行体育文化宣传，丰富学生的体育知识，促进学生对体育文化的认识，激发学生学习兴趣。多种宣传渠道包括学校宣传窗、校报、校园网、体育艺术节等；多种宣传内容包括世界冠军、体育明星、奥运知识、运动建筑、体育海报等。

其次，关于硬件环境的改善。一是要出台相应的政策，对中小学体育器材设施配备加以规定和要求，并建立相应的监督、保障措施；二是教育经费中体育经费的投入按标准拨付，专款专用，同时加大投入力度，并多方筹集资金，提高体育经费数额；三是要发挥学校力量，发扬自力更生、艰苦奋斗的精神，根据学校条件创建体育快乐园地，充分利用现有资源；四是加强体育教材和教师用书建设，为体育课程实施创建良好的知识素材环境，等等。

第四章　体育课程内容资源开发理论与实践

第一节　相关概念界定

一、课程与体育课程相关概念

（一）课程的概念

在学校教育活动中，课程具有重要的地位和作用。在各类教育文献中，课程是人们经常使用的概念，但对课程的定义却是见仁见智，至今没有统一的界定。

课程一词起源于拉丁语，意为"跑道"。在学校教育中，其原始含义是指学习学科内容的进程。在我国，"课程"一词始见于唐宋年间。《朱子全书》中所提到的课程是指所分担工作的程度及学习内容的范围、时限和进程。在西方，课程（curriculum）一词最早出现在英国教育家斯宾塞（H.Spencer）的《什么知识最有价值》一文中，课程在这里的含义是指"学习的进程"。由此可见，课程的最初含义应该是"学程"。然而，在当代课程研究中，课程的定义受到了广泛批评，并不断被修正和替换，课程的定义无论是在课程理论研究中，还是在课程实践中早已背离了原来的含义。

奥利沃（P.Oliva）对学者们提出的各种课程概念进行了归纳，总结出以下 13 种具有代表意义的课程定义。

（1）课程是在学校中所传授的东西。

（2）课程是一系列的学科。

（3）课程是教学内容。

（4）课程是学习计划。

（5）课程是一系列的材料。

（6）课程是科目顺序。

（7）课程是一系列的行为目标。

（8）课程是学习进程。

（9）课程是在学校里进行的各种活动，包括课外活动、辅导及人际交往。

（10）课程是在学校指导下，在校内外所传授的东西。

（11）课程是学校全体职工所设计的任何事情。

（12）课程是个体学习者在学校教育中所获得的一系列经验。

（13）课程是学习者在学校所经历的经验。

施良方认为，若把课程定义加以归类，大致有以下6种较为典型的课程定义：

（1）课程即教学科目。

（2）课程即有计划的教学活动。

（3）课程即预期的学习结果。

（4）课程即学习经验。

（5）课程即社会文化的再生产。

（6）课程即社会改造。

上述对课程概念研究的角度各有不同，大致是从四个方面进行的：一是从探讨课程的本质属性定义课程，如课程即学习经验，课程是学校指导的所有活动；二是从确定课程所具有的功能定义课程，如课程是社会文化的再生产，是预期的学习结果；三是从课程存在的物质形态定义课程，如课程是教育工作计划的范围和安排的书面文件，是活动的教学大纲、学程设置、课程和内容的编目等；四是从课程实施的管理需要定义课程，如为学习者制订的学习计划、学习者在学校实际学习的东西等。也就是说，上述多种课程的定义虽然涉及的范围很广，对课程界定的维度及表达的用语也有一定差别，但它们又都包括了学科、经验、目标等关键词语，包含了一些共同的含义：其一，大多数课程的定义是围绕教育的内容来展开的，这反映了课程的实质离不开教育内容或者说教育的内容是课程的本质特征；其二，强调有计划地、按一定顺序向学生传授学习经验，这反映了课程的计划性；其三，重视学校或教师传授知识的结果；其四，强调学习内容的目标性。

尽管确定课程的概念非常困难，但我国的一些学者在分析了中外学者对课程本质的研究后，仍然试图给课程下一个比较完整的定义。

吕达则认为："课程，从不同的角度看，有不同的定义。从内涵上看，广义的课程是指学校为实现一定的教育目标而选择和组织的全部教育内容及其进程；狭义的课程是指某一门课程，也即教学科目。从层面上看，广义的课程有三层含义：一是总体的课程计划，或者说课程设计、课程设置；二是分学科的课程标准，或者说教学大纲；三是课程内容，也就是各学科的教材。狭义的课程仅指第一项含义，或指第一、第二项含义。"

陈玉琨等同样认为课程有广义和狭义之分，却与吕达对课程的定义相去甚远，他认为："从广义来说，课程是学生在学校获得的全部经验。其中包括有目的、有计划的学科设置、教学活动、教学进程、课外活动以及学校环境和氛围的影响。……从狭义来说，课程是指各级各类学校为了实现培养目标而开设的学科及其目的、内容、范围、活动、进程等的总和，它主要体现在教学计划、教学大纲和教科书中。"

由于所处的特定历史时期和社会条件不同，由于每个人从事课程理论与实践研究的经验、视角和层次的不同，对课程的理解自然也会有一定差异。课程的发展本身是动态的，对课程的理解也应该是动态、多角度的。相对而言，笔者比较认同陈玉琨等人的观点。

（二）课程内容的概念

课程内容是构成课程的基本要素，其与课程目标之间有着内在的逻辑联系，并影响着课程实施中教和学的方式，因此，它便成为课程内在结构的核心部分。由于课程内容的选择涉及课程价值观、课程结构观和课程设计观等问题，因此不同的课程价值观、课程结构观和课程设计观使得人们对课程内容概念的认识亦不相同。

张华从课程内容选择的角度讨论了课程内容的价值取向问题，他指出，既然课程目标的基本来源是"学科的发展""当代社会生活的需求""学习者的需要"，相应地，课程内容的基本取向即是"学科知识""当代社会生活经验""学习者的经验"。

郭元祥在讨论课程观的转向时提到，课程内容不应该是单一的、理论化的、体系化的书本知识，而要给学生呈现人类群体的生活经验，并将之纳入学生的生活世界中加以组织，使文化进入学生的"生活经验"和"履历情景"。

廖哲勋等认为，无论是课程知识社会学观点还是课程知识技术学观点都有一定的片面性，因为它们都把课程内容仅仅局限于间接经验或理论知识。他们提出，课程内容的基本性质是知识，它具有直接经验和间接经验两种形态。因此课程内容是根据课程目标从人类的经验体系中选择出来，并按照一定的逻辑序列组织编排而成的知识经验体系。

对课程内容的定义，国外的课程理论中主要有两种观点。一种观点认为，课程内容是在教育机构范围内要向学生灌输的知识；另一种观点认为，课程内容是指一门课中所传授或所包含的知识，也指各门学科中特定的事实、观点、法则和问题等。前者是课程知识的社会学观点，后者则是技术学的观点，是从课程设计及构成的角度来定义课程内容的。显然，二者在课程内容的取向和出发点上有很大的差别。

上述分析表明，尽管在课程内容概念的表述方式上有所不同，国内的课程论专家对课程内容的认识却是相对一致的。课程内容既应该体现学科知识的最新成果，也应该反映出当代社会生活的经验，更应该与学习者的学习经验相结合。需要明确的是，无论是学科知识，还是当代社会生活的经验，都只有转化为学习者的经验，才可能成为相应的课程目标。

基于以上分析，笔者认为，课程内容是指根据课程目标从各种直接和间接经验中选择出来、经过加工处理后的知识经验体系。课程内容既包括了各门学科中特定的知识、观点、原理、问题、技能、情感、价值观以及处理它们的方式，也包含了当代社会生活的各种经验和学习者的学习经验。

（三）体育课程的概念

体育课程是课程的下位概念，是学校课程的组成部分。关于体育课程的概念，目前国内主要有四种观点。

第一种观点将体育课程定位在学科层面，认为体育课程是一门学科课程。如邹继豪等认为可以将体育课程理解为"为实现学校的教育目标，配合德、智、体、美全面教育，并以发展学生体能，增进学生身心健康为主的特殊课程"。顾渊彦和何元春认为，体育课程的学科性质可以界定为科学性、人文性兼备，以"技艺""情意"为主要特征的一门以实践为主的综合学科。耿培新从课程分类、体育的科学属性、体育学科特性和学校教育等角度分析了体育课程的性质，指出体育课程"是全面发展素质教育中必不可少的一门学科，体育课程是具有综合性的文化科学基础课程"。在新颁布的《体育与健康课程标准》中，将体育（与健康）课程界定为："一门以身体练习为主要手段、以增进中小学生健康为主要目的的必修课程，是学校课程体系的重要组成部分，是实施素质教育和培养德智体美全面发展人才不可缺少的重要途径。"

第二种观点认为体育课程不仅是一门学科，也是全面发展教育的组成部分。吴志超等认为："体育课程是以发展学生体能增进学生身心健康为主的一种特殊的教育性课程，它与德育课程、智育课程、美育课程、劳动教育课程相配合，共同促进学生身心全面发展，是整个学校教育的一个方面的课程。"杨文轩等也持有基本相同的观点，认为体育课程"是指为实现学校体育目标而规定的体育内容及其结构、程度和进程。它包括体育课程目标、体育课程内容、体育课时分配、课外体育锻炼等。体育课程不是一门学科的课程，而是全面发展教育的一个方面的课程"。

第三种观点将体育课程定义为活动，如毛振明等在分析了国内关于体育课程的概念后提出："体育课程是在学校指导下，为了使学生能在身体、运动认知、运动技能、情感与社会方面和谐发展的，有计划、有组织的活动。"

第四种观点将体育课程定义为方案或计划。"体育课程是学校根据一定社会的教育目的的要求，为学生提供的、并且在一定程度上给学生规定或学生自己选择的、被规范了体育学科课程和活动课程内容、学习操作方式，不同的学段学生所要达到的体育基本素质、能力和体质健康标准的总体设计。"第一种观点特别是新体育课程标准对体育课程的定位是比较准确、合理的，体育课程首先应该是作为学科而存在的。根据课程定义，如果将体育课程放在狭义的课程层面来讨论，可能更有利于我们理解和把握体育课程的特征与性质。因此，可以将体育课程定义为：体育学科及其目的、内容、范围、活动、进程的总和。

（四）体育课程内容的概念

关于体育课程内容的概念，目前也无相关界定。已有的文献侧重于对体育教学内容的研究，如体育学院通用教材《学校体育学》认为体育教学内容一般包括体育、卫生保健知识和各种身体练习。金钦昌主编的《学校体育学》将体育教学内容定义为"为实现体育教学目标而选用的体育卫生保健基本知识和各种运动动作"。毛振明等认为体育教学内容"是那些以身体练习、运动技能学习和教学比赛等为形式，经过组织加工后的，可以在教学环境下进行的内容总称"。很显然，上述研究是将体育教学内容作为体育课程内容的同义词来使用的。从目前课程论与教学论的相关研究来看，学术界普遍认为课程与教学虽然有着密切的关系，却分属于两个不同的研究领域，课程内容和教学内容是两个不同的概念，二者之间不能相互替代使用。

相对于体育课程内容而言，体育教学内容的概念应该是更具体、更微观的，它主要涉及的是教师在体育课程实施——体育教学中"教授行为"的具体内容和学生"学习行为"的具体内容，以及二者如何互动的具体内容等。体育教学内容不仅包括了体育教学过程中所有"教"与"学"的具体内容，还包括了各种"教"与"学"活动的具体组织步骤。

第二节　课程资源开发的研究

一、课程资源概述

（一）课程资源的概念

最早提及课程资源（curriculum resources）这一概念的当数被誉为"现代课程论之父"的美国课程论专家拉尔夫·泰勒（R.Tyler），他早在1949年就曾论述过课程资源的问题，并在《课程与教学的基本原理》一书中提出了要最大限度地利用学校的资源、加强校外课程及帮助学生与学校以外的环境打交道等观点。

到目前为止，对于课程资源的概念，还没有一个公认的定义，但一般都认为，课程资源有广义和狭义之分。吴刚平分别对广义和狭义的课程资源概念进行了讨论："广义的课程资源指有利于实现课程目标的各种因素，狭义的课程资源仅指形成课程的直接因素来源。"这一定义，目前得到了普遍认可，且在后来的一些课程资源的相关文献中被广泛引用。钟启全等对课程资源的表述与上述定义有一定区别，他们认为："课程资源是课程设计、实施和评价等整个课程编制过程中可资利用的一切人力、物力以及自然资源的总和。"也有人认为课程资源主要指课程的材料来源。

范兆雄在分析了课程资源的相关概念后，提出了对课程资源五个方面的看法：第一，课程来源是课程资源最主要的部分；第二，课程资源从根本上来说是人类认识的对象，是人类认识的实践，即人类认识的资源就是课程的根本资源；第三，必须加深有关课程资源对课程的制约作用的认识，以利于明确课程开发的各向度；第四，哲学观与课程资源观有密切的联系；第五，要把课程资源当作一个整体来研究。他的这些看法，有助于我们站在更高的层面来认识课程资源的真正内涵。

总体而言，上述研究中对课程资源的内涵和外延上的确定并无太大分歧。课程资源的概念与课程目标、课程内容、课程设计、课程实施、课程评价等方面都有着非常密切的联系，弄清楚它们之间的这种联系是理解课程资源的前提。当然，在具体研究过程中，应避免将课程资源的概念泛化，否则容易引起操作上的混乱。从课程编制的角度而言，并不是所有的资源都是课程资源，只有那些真正进入课程、与教育教学活动联系起来的资源，才能称作现实的课程资源。值得注意的是，每门学科课程由于其内在的特征不同，构成实现课程目标的各种内外因素、条件的表现形式和重点也是不同的。

（二）课程资源的分类

由于课程资源的丰富性，如何对之进行分类便成为目前探讨得比较多的一个问题。其中，吴刚平的分类方法比较具有典型代表意义，他根据课程资源的功能特点，把课程资源分为素材性课程资源和条件性课程资源两大类，其解释是："素材性课程资源的特点是作用于课程，并且能够成为课程的素材或来源，比如知识、技能、经验等。条件性课程资源的特点则是作用于课程却并不是形成课程本身的直接来源，但它在很大程度上决定着课程的实施范围和水平，比如，人力、物力和财力……"此外，他认为还可以按照课程资源空间分布的不同，将课程资源分为校内课程资源和校外课程资源等。

任长松对"空间"的理解则有所不同，他认为按照课程资源的空间分布，可以将课程资源分为学校资源、家庭资源和社区资源三类。"从性质上看这些资源包括人、物、环境三大资源。学校课程资源从空间上又可以分为教室内的课程资源、教室外（校园）的课程资源两类。"

徐继存等对课程资源的分类问题进行了到目前为止比较全面的探讨，其认为根据不同的分类标准，可以将课程资源分成不同的类别，如根据来源，课程资源可分为校内课程资源和校外课程资源；根据性质，课程资源可分为自然课程资源和社会课程资源；根据物理特性和呈现方式，课程资源可分为文字资源、实物资源、活动资源和信息化资源；根据存在的方式，课程资源可分为显形课程资源和隐形课程资源等。

另外，在各门具体学科课程资源开发的相关研究中，还出现了一些其他的分类方法，如王苏将历史课程资源分为历史教材、学校图书馆、社区历史课程资源、历史音像资料、历史遗迹和博物馆、纪念馆、信息技术和网络技术。沈敏将英语课程资源分为英语教材资源、英语实践资源、英语信息资源、英语人际资源等。显然，他们的分类方法主要是按照各门学科课程资源的具体内容来划分的，虽然区分不严格，但在实践中却具有一定的可操作性。对课程资源分类的研究，关键是确定分类的标准。而分类标准的确定，除了要依据课程资源的内在结构外，还要考虑理论研究和实践运用的可行性。而且，无论采用何种方法来区分各种课程资源，都不可能做到十全十美，课程资源的类型总是存在着某种程度的交叉，只能是一个大致的区分。

(三)课程资源的特点

范蔚探讨了课程资源的三个特点：一是广泛多样性，即课程资源涉及学生学习与生活环境中所有有利于课程实施、有利于达到课程标准和实现教育目的的教育资源；二是客观性，课程资源是客观存在的各种事物；三是间接性，即课程资源具有转化为学校课程实施的可能性，但还不是现实的学校课程或课程实施的现实条件。

徐继存等认为课程资源有价值潜在性、具体性和多质性的特点。价值潜在性是指课程资源的潜在价值体现在课程设计、实施和评价的全过程；具体性是指任何可能的课程资源都因地域、文化传统、学校及师生各自的差异而不同；多质性是指同一课程资源有不同的用途和价值。

徐冰鸥等认为课程资源除具有潜在性、多样性、多质性特点外，还具有过程性与生成性的特点，因为学习是一种自主创造过程，它由符号—意义系统、经验—观念系统、情意—价值系统、行为—规范系统四个部分组成，四个系统中既有显性资源又有隐性资源。

上述对课程资源特点的认识，显然没有充分反映课程资源特征的全貌，有些提法亦有相同之处，有待做进一步的探讨。

(四)课程资源开发的意义或价值

靳玉乐等从理论价值、实践价值、人文价值三个方面探讨了开发课程资源的重要意义，指出课程资源的开发可以拓展课程研究的范围与领域，对课程学科本身的发展及建立终身学习化社会体系、促进教师教学方式和学生学习方式的变革等方面都有着重要的现实意义。朱慕菊认为课程资源开发的意义表现在两个方面：一是可以促进课程功能和学习方式的转变，课程资源开发不仅可以让师生的经验进入教学过程，而且可以改变学生在教学中的地位；二是对新一轮国家基础教育课程改革有着重要影响，新课程改革各种目标的实现在很大程度上取决于课程资源的开发状况。

这些分析实际上是围绕着三个维度来进行的：一是课程资源开发对学科和课程发展的价值；二是课程资源开发对学生发展的价值；三是课程资源开发对教师发展的价值等，应该说，其概括是比较全面的。

(五)课程资源开发的原则

目前，系统地论述课程资源开发原则的文献尚不多见，各自的表述方式也不尽相同。如徐继存等提出了课程资源开发的开放性、经济性、针对性及个性原则。靳玉乐等提出了数量、质量并重原则；开发与利用相结合的原则；校内为主、校外为辅，校内外相结合的原则以及因地制宜就地取材的原则。文可义认为在地方课程资源开发中，要遵循本土化原则、因时制宜原则、特色性原则和低成本高效益原则等。

上述研究只是大致地提出了一些指导性的要点，有些原则在提法上有一定的交叉与重叠，至于为什么要提出这些原则、如何在课程资源开发过程中贯彻和运用这些原则还普遍缺乏深入的研究。

（六）课程资源开发的途径

从宏观角度而言，课程资源开发的途径主要有以下六个方面：第一，开展当代社会调查，不断跟踪和预测社会需要的发展动向，以便确定或揭示有效参与社会生活和把握社会所给予的机遇而应具备的知识、技能和素质；第二，审查学生在日常活动中以及在实现自己目标的过程中获益的各种课程资源；第三，研究一般青少年以及特定受教育学生的情况，以了解他们已经具备或尚需具备哪些知识、技能和素质，以确定制订课程教学计划的基础；第四，鉴别和利用校外课程资源；第五，建立课程资源管理数据库；第六，开发和利用课程实施的各种条件等。从中、微观的层面来研究课程资源的开发途径，各门学科课程资源或者各种具体课程资源的开发途径是不同的。吴刚平指出，教学是课程实施的主要途径，因此教学活动是课程资源的重要组成部分，教学活动的资源是微观层次的课程资源。对教学活动资源的开发有以下途径：调查研究学生的兴趣类型、活动方式和手段；确定学生现有发展基础和差异；为学生提供反馈资料；安排学生从事课外实践活动；制定参考性的技能规范。

二、体育课程内容资源概述

（一）课程资源的概念

要弄清课程资源的概念，首先要明确资源的概念。在汉语中，"资"有"资财、供给、资助、取用、资料、具有"等多种含义，而"源"则指"水流所出"，可引申为事物的来源。《辞海》中对资源的解释有两个方面的意思：一是指"资财的来源，一般指天然的财富"；二是指"一国或一定地区所拥有的物力、财力、人力等物质要素的总称，分为自然资源和社会资源两大类。前者如阳光、空气、水、土地、森林、草原、动物、矿藏等；后者包括人力资源、信息资源以及劳动创造的物质财富"。周鸿提出了"小资源"和"大资源"的概念。所谓"小资源"是指传统的自然资源，而"大资源"是指一个包含复杂结构的、有数种资源构成的、具有强大整体性功能的资源体系，包括自然资源、经济资源、人文资源、人力资源、政治资源和制度资源六大既相互独立又相互联系的资源系统。其中，后五种资源是人类的社会劳动成果，又通称社会性资源。以上讨论表明，"资源"包含了两个方面的含义：一是指事物的来源。我们平常所说的能源资源、矿产资源等的表述中，"资源"的实际含义是指从事这些行业生产所必备的物质。二是指某种事物相对于其他事物是不可缺少的，是满足别的事物所需要的条件。既然如此，课程资源就应该是形成课程因素的来源。具体来说，其一，课程资源是人类在自然科学和社会科学诸多领域取得的一切成果，它们或是为课程的价值取向提供指导，或是为课程的设计提供理论基础，或是直接成为课程内容；其二，课程资源是保障和满足课程活动进行的各种条件，也就是在课程实施过程中所需要的人力、物力、财力、时间等因素；其三，课程资源是无限的、丰富的，但对资源的开发和利用却是有限的，任何一种课程设计方案都应该是对课程资源选择的结果。

基于以上分析，本研究对课程资源的界定是：课程资源是指有利于课程实施与生成的各种因素与条件，其既包括形成课程的要素来源，又包括实施课程的必要而直接的条件。

（二）课程资源的分类

对课程资源的分类，在实践中要把握两个原则：一是逻辑上要清晰，不能自相矛盾和过多交叉重叠；二是要有利于分析和解决学校课程实践中的主要问题，做到基本合理并有利于课程资源开发。

基于此，我们可以从宏观角度，先对课程资源进行大致分类，然后再根据理论研究和实践操作的需要进行分类。按照这一思路，可以先根据课程资源的概念、功能和特点，将课程资源分为素材性课程资源和条件性课程资源两大类，然后再对素材性课程资源和条件性课程资源按照需要进行分类。例如，根据课程结构和要素将素材性课程资源分为课程目标资源、课程内容资源、课程实施资源、课程评价资源等；根据课程资源的管理要素将条件性课程资源分为课程的人力资源、课程的物力资源、课程的财力资源等。

（三）课程资源与课程的关系

课程资源与课程的关系非常密切，没有课程资源也就没有课程，反过来，有课程就必须有课程资源作为前提和基础。但是，尽管课程资源具有各种课程要素的某些特征，但是它们不是课程要素，不能直接构成课程，正如生产资源不能等同于钢铁材料，因为其还没有进行必要的加工和提炼。

课程与课程资源不是一回事，课程资源的外延范围远远大于课程本身的外延范围。一方面，条件性课程资源并不能作为素材成为课程的组成部分；另一方面，即使是素材性课程资源如知识、经验、技能、目标等只有经过教育学的加工和处理，才能进入课程系统，成为课程活动的目标、内容或实施和评价的方法与手段等，才能付诸实施成为课程的组成部分。因此，相对于课程而言，课程资源是课程系统的外部系统。

（四）体育课程资源

1. 体育课程资源的概念

体育课程资源是课程资源的组成部分，其与课程资源的概念在内涵上是一致的。根据前面对课程资源的探讨，本书认为可以把体育课程资源定义为：有利于体育课程实施与生成的各种因素与条件。其既包括形成体育课程的要素来源，如体育学科方面的知识、技能、经验、身体练习、活动方式与方法、情感态度和价值观及体育培养目标等方面的要素，又包括决定体育课程实施范围和水平的人力、物力、财力等要素，如体育场地、器材、体育师资等。

2. 体育课程资源的分类

体育课程资源也有多种分类方法。笔者认为，根据课程资源的分类方法，同样可以先将体育课程资源大致划分为素材性体育课程资源和条件性体育课程资源两大类，然后再根据实际需要进行相应区分。例如，素材性体育课程资源按照存在方式又可以分为显形素材性体育课程资源和隐形素材性体育课程资源；条件性体育课程资源根据空间的分布又可以分为校内条件性体育课程资源和校外条件性体育课程资源等。

（五）体育课程内容资源

1. 体育课程内容资源的概念

体育课程内容资源从分类上看，属于素材性体育课程资源的一个组成部分。从定义上来讲，它是指构成体育课程内容要素的来源，如体育的知识、技能、价值观、情感态度，各种身体练习及学生的经验等要素的来源。

正如课程资源与课程的关系一样，体育课程内容资源也构成了体育课程内容的基础，但体育课程内容资源不等于体育课程内容。当然，体育课程内容资源与体育课程内容在本质上是一样的，它们都是人类各种体育的间接经验和直接经验。体育学科专家、体育教师、学生可以根据需要把各种体育课程内容资源提炼转化为体育课程内容，这一过程就是我们所说的体育课程内容资源的开发。然而，这一过程并不是随意完成的，是在一定原则指导下，采用一定的方法、手段和程序进行的。

需要指出的是，相对于体育课程内容而言，体育课程内容资源要丰富得多。在某种意义上可以说人类所创造的一切文明成果，都可以纳入体育课程内容资源的范围。明确了这一点，就可以大大拓宽我们的视野，不再把目光局限于狭窄的体育课程内容范围里，局限于书本和教材，这也是新课程改革所要倡导的课程资源观。

2.体育课程内容资源的特征

①多样性与丰富性。

②价值潜在性与可开发性。

③差异性与特色性。

④功能多元性与可替代性。

体育课程内容资源的功能多元性与可替代性特点表现在：一方面，相同的体育课程内容资源，具有不同的用途、价值与功能，可以用于实现体育课程的不同目标。如野外活动，既可以开发出能发展学生体能的课程内容（如远足、登山等），又可以开发出用于对学生进行野外生存教育的课程内容等。另一方面,不同的体育课程内容资源，又可能具有相同的用途、价值与功能，可以用于实现相同的体育课程目标，也就是说，体育课程内容资源是可以相互替代的，如发展学生的耐力素质，可以长跑，可以打篮球，也可以骑自行车，还可以游泳等。教师要善于挖掘体育课程资源的多种利用价值，化腐朽为神奇，使体育课程内容资源的潜在价值得以充分发挥。

⑤过程性与生成性。

首先，体育课程内容资源的开发本身是一个在时间上不断延续的过程，这一过程既是体育教师不断积累专业知识和技能、不断成长的过程，也是学生学习目标不断实现、学生素质不断改善提高的过程。

其次，体育课程内容资源的开发又是一个不断生成的活动，这不仅表现在体育教师在这一过程中不断进行创新、不断生成各种新的经验，而且还体现在学生在此过程中也在不断进行自主的创新，他们通过自己的经验来不断建构认识，并形成新的经验。这一过程中学生学习的过程性成果、中间生成物和学生的收获、自感自悟的成果等都是宝贵的体育课程内容资源，它们对学生的发展有着极为重要的推动作用。例如在体育课中，让学生自己创编体育游戏的活动，一方面可以使学生体验游戏的乐趣，并获得创编体育游戏的方法；另一方面，学生所创编出来的体育游戏也可以成为新的体育课程内容，即学生的经验经过开发转化成为体育课程内容。

3. 体育课程内容资源的分类

根据一定的标准，同样也可将体育课程内容资源分为不同的类别。例如，根据体育课程内容的存在方式，可以将体育课程内容资源分为显性的体育课程内容资源和隐性的体育课程内容资源；根据体育课程内容分布的空间，又可以将之分为学校体育课程内容资源、社区体育课程内容资源和家庭体育课程内容资源等。

由于体育课程内容资源是构成体育课程内容要素的来源，为了在开发实践中运用方便，笔者认为可以根据体育课程内容的构成要素进行分类。当然，各种体育课程内容资源还可以根据一定标准做进一步划分。

第三节 体育课程内容资源开发的指导思想

一、体育课程内容资源开发的意义

（一）理论价值

1. 拓宽体育课程研究的领域，促进体育课程及体育文化的发展

体育课程内容资源开发对体育课程而言，是一个崭新领域。对于它的研究，将大大加深人们对体育课程的理解，拓宽认识和研究体育课程的渠道和路径。同时，体育课程内容资源的开发，将极大地丰富和发展体育课程的内容体系，这在一定程度上也丰富了体育文化的内容，对促进体育文化的传递、创新和发展具有十分重要的理论意义。

体育课程内容资源的开发，定将成为体育课程改革的突破口。这不仅表现在它将直接促使体育课程内容的变革，而且对体育课程的其他方面如体育课程类型、体育课程评价及体育课程实施中的教学方法与手段、教学组织形式等的变革，也将产生积极而深刻的影响，对体育课程的整体建设与发展有着重要作用。

2. 有利于促进学校体育与社会体育及竞技体育之间的联系

一直以来，在理论层面，学校体育被认为是学校内部的体育活动。如今，人们逐步认识到学校体育不应该仅仅局限于校园内部，而应该逐渐与社会体育和竞技体育加强联系，并在联系中相互借鉴与发展。但是，如何才能在学校体育与社会体育和竞技体育之间架起一座桥梁，一直是人们努力想解决的难题，而体育课程内容资源的开发，则为解决这个难题提供了新的思路和契机。

首先，体育课程内容资源的开发打破了学校的空间界限，使更多社会体育和竞技体育的手段和内容通过提炼、加工成为体育课程内容。学生通过这些内容的学习，不仅可以了解当今社会体育和竞技体育的最新发展动态，而且还能为他们以后参加社会体育和竞技体育的实践奠定一定的基础。

其次，体育课程内容资源的开发，必然要调动社会体育及竞技体育领域的一切可以利用的人力、物力、财力和信息，这在客观上加强了学校体育与社会体育和竞技体育之间的联系。

最后，体育课程内容资源的开发，可以使人们更新观念，促进学校体育与社会体育和竞技体育不同领域之间的相互理解，消除隔阂，从而真正树立"大教育"和"大体育"的观念。

3. 有利于促进体育课程与其他学科课程及校园文化之间的融合

过去，体育学科与其他学科一样，处于一种自我封闭的发展状况，这不仅阻碍了体育学科的发展，而且也不利于学生身心的全面发展。体育课程内容资源的开发，是在学校内外、社会的大背景中进行的，因此必然会超越体育学科的界限，将学校内其他学科的资源及校园文化资源纳入自己的视野和范围。体育课程内容资源的开发，将最大限度地促进体育课程与健康教育、生活教育、生存教育、环境教育、国防教育以及校园文化的相互融合与借鉴，使体育课程与各学科的交叉渗透、融会贯通自然而然地发生于课程实施的过程中，对学生的身心教育与影响将更为全面。

4. 为体育课程改革提供理论支撑

理论对实践具有重要的指导作用，体育课程改革必须有完整的理论做基础。当前我国体育课程改革呈现一个畸形的特点，那就是实践先行，缺乏必要的理论支撑。迄今为止，关于体育课程方面较为成熟的理论专著几乎为零，出现了一个极不平衡的反差：一方面体育课程改革的实践如火如荼，而另一方面相关的理论研究却显得极为贫乏，这势必会影响体育课程改革整体推进的质量与效果。

体育课程内容资源开发的相关成果，将从理论和实践上回答体育课程中遇到的一些新问题，使体育课程理论不断丰富和完善，在一定程度上将为体育课程改革奠定理论基础。

（二）实践价值

1. 有利于促进体育教师的专业发展

课程资源的开发为教师的专业成长找到了一条理想途径，课程资源开发过程就是教师专业不断成长的过程，开发程度和范围的大小，将决定教师专业发展的程度和水平。长期以来，体育课程内容基本上是由专家预先规划设定的体育知识、技术、技能体系和载体，形成了"专家设计课程、教师教课程、学生学课程"的模式。这使得广大体育教师将体育课程内容视为国家规定学生必须掌握的基本知识、基本技术和基本技能，误认为体育教学大纲和体育教材是既定的、唯一的体育课程内容资源。这不仅束缚了体育教师的创造力，使他们变成了固定的体育课程内容的传授"机器"，也使最宝贵的体育课程内容资源——体育教师和学生的经验被白白浪费掉了。

2. 有利于促进学生的发展

其一，有利于调动学生多种感官参与学习活动，激发学生的学习兴趣。丰富、开放的体育课程内容资源给学生提供了体育教材无法比拟的感官刺激、信息刺激和思维刺激，这既可以提高学生参与体育学习的主动性，又可以使学生在愉悦中掌握体育的知识、技能，培养能力，陶冶情操。如对足球运动的学习，体育教材中所提供的相关信息是远远不能满足学生的需要的。从体育课程内容资源开发的角度而言，教师可以指导学生从多种渠道获得足球运动的各种信息：从网络、报刊中获得足球运动的相关知识、图片；从电视中观看足球比赛的精彩场面；从学校或社区足球场向足球"高手"们学习各种足球技能等。

其二，促进学生学习方式的变革，使学生从被动学习走向主动探索。学生也是体育课程内容资源的开发主体，学生的经验、感受、兴趣、爱好、知识、能力等构成了体育课程内容资源的有机组成部分，这将极大地调动学生学习的积极性和主动性。此外，面对丰富的体育课程内容资源，学生还将面临如何获取信息、如何筛选信息、如何分析信息及如何从各种信息中归纳出对解决问题有用的东西等一系列问题。因此，学生主动参与式的学习、合作式的学习、探究性学习等各种新的学习方式将走进体育课堂，这势必带来学生学习能力、学习水平和学习态度等一系列的变化，对培养学生的实践能力和创新能力具有重要意义。

3. 推动新体育课程标准的顺利实施

选择什么体育课程内容，由过去专家的事，变成了专家、体育教师和学生共同要面对的事情。因此，对体育课程内容资源的开发就显得尤为重要，开发什么样的内容、如何开发、开发的水平怎样等一系列问题，不仅直接影响到体育课程的实施水平和体育课程目标五个领域的达成度，而且在某种程度上也关系到课程评价内容、方法、手段等的安排。因此，体育课程内容资源的开发便成为新体育课程标准顺利推进的关键环节。

4. 为体育校本课程开发提供借鉴

校本课程开发也是这次基础教育课程改革的亮点之一。《基础教育课程改革纲要(试行)》明确指出："改变课程管理过于集中的状况，实行国家、地方、学校三级课程管理，增强课程对地方、学校及学生的适应性。"校本课程开发与课程资源开发具有必然的联系，它是建立在课程资源开发的基础之上的。从这个意义上来讲，体育课程内容资源的开发可以为体育校本课程开发提供经验与借鉴。

二、体育课程内容资源开发的原则

（一）开放性原则

所谓开放性原则，是指体育课程内容资源的开发，要打破时间、空间、学科、领域、途径的界限，尽可能开发利用有益于体育课程实施活动的所有体育课程内容资源，即以一种开放和包容的心态对待人类所创造的一切文明成果，只要有利于实现体育课程的目标，就应该将之纳入开发与利用的视野，兼收并蓄，为我所用。事实上，从体育课程的发展历史来看，体育课程内容就一直变化、更替着，从体育课程发祥时代的兵操，到现代的各种运动项目；从相对贫困时期的健身养护内容到后工业时代的娱乐休闲内容等，体育课程本来就是一个开放的、不断变化的系统，本身就具有极强的包容性。

体育课程内容资源开发的开放性，包括时间的开放性、空间的开放性、学科的开放性、系统的开放性及途径的开放性几方面。

时间的开放性，是指体育课程内容资源的开发应该跨越时间的界限。从古至今，人类在几千年发展过程中创造了灿烂的体育文化，有的虽历经时间的侵蚀，但仍然熠熠生辉，闪烁着璀璨的光芒。古代的、近代的、现代的各种形态的体育文化为我们提供了一个丰富的资源库。我们可以根据需要从中选择相关内容进行开发，并不断推陈出新，赋予它们时代意义。

空间的开放性，是指体育课程内容资源只要有利于实现体育课程目标，都可以进行开发。

学科的开放性，是指体育课程内容资源的开发在学校内部要打破体育学科与其他学科之间的界限，尽可能利用其他学科如语文、数学、生物、物理、地理等的内容资源，使所开发的体育课程内容更具有综合的、全面的教育意义。系统的开放性，有两层含义：一是指在体育课程内容资源开发时，不要只局限于学校体育系统，要尽可能利用社会体育系统和竞技体育系统的内容资源；二是指在体育课程内容资源开发时，要超越体育系统的界限，政治、科技、文化、军事、医疗卫生等社会其他系统也有丰富的体育课程内容资源，也是我们开发的对象。

途径的开放性，是指体育课程内容资源开发不应该局限于某一种途径或方法，应尽可能探索多种途径或方法，并能协调使用。

（二）针对性原则

所谓针对性原则，是指要针对体育课程目标，从学生、体育教师、学校的特点和实际出发进行体育课程内容资源的开发。

首先，要针对体育课程目标进行体育课程内容资源开发。体育课程内容资源开发的最终目的是体育课程目标的实现与达成，因此，体育课程内容资源开发自始至终要围绕如何有效达成体育课程目标来进行：一方面，不同的体育课程内容资源具有不同的作用与功能，对不同的特定的体育课程目标，就应该开发不同的体育课程内容资源；另一方面，一些不同的体育课程内容资源可能具有相同的作用与功能，开发时就应该针对体育课程目标对各种资源进行比较与分析，以便能开发出适应性相对较强的体育课程内容。

其次，要针对学生的特点进行体育课程内容资源开发。这在理念上体现了体育课程开发与建设要"以学生为主体"的思想。具体表现在三个方面：一是要针对学生的生理和心理发展水平；二是要针对学生的体育兴趣与爱好，尽可能激发学生的求知欲；三是要针对学生已有的体育学习基础和能力。

再次，要针对体育教师特点进行体育课程内容资源开发。每一位教师都有自己的认知策略、思维习惯和工作方式，有自己的生活经历和教育背景，有自己的经验、兴趣、爱好、专长和个性特征及不同的教育教学风格等，这些不仅会直接影响他们对体育课程内容资源开发的认识，也关系着开发方式和开发的广度与深度。因此，应针对每个体育教师的教育思想、理念、知识、经验、专业水平、特长等来开发体育课程内容资源。

最后，由于各个学校具有不同的性质和任务，其所在地理位置、历史传统、培养目标、办学宗旨、师生结构、校风校纪、校容校貌等各不相同，所以要针对学校的特点进行体育课程内容资源开发。如针对学校的自然环境特点、学校的场地、器材、设备的特点、学校的体育传统与风气、班风与校风的特点等。由于体育课程内容资源的开发在很大程度上受各学校体育课程环境资源状况的制约，因此，体育课程内容资源的开发也要因地制宜，从各个学校的实际出发。例如，山区学校，可以山为主题来开发体育课程内容资源，如登山、攀岩、远足、野营等；地处江、河、湖、海附近的学校则可以水为主题开发体育课程内容资源，如游泳、龙舟、划船、水中健身操等。又如，城市经济条件好的学校，可以利用校内外的网络资源，进行体育课程内容资源开发，如开发各种体育知识、运动项目的比赛规则、健康保健知识等；而农村经济条件较差的学校则可考虑开发一些本乡本土的、民间的体育课程内容资源，如舞龙、采莲船、踩高跷、顶扁担、滚铁环和其他民间游戏等。

（三）合作互补原则

所谓合作互补原则，是指在体育课程内容资源的开发过程中，要充分发挥体育课程专家、体育教师、学生等人员的作用，充分利用他们的知识、经验、特长以及各自的优势，取长补短，优势互补，共同提高体育课程内容资源开发的质量与效果。合作互补的原则有四层含义：一是中小学体育教师与高等院校或科研机构的体育学科专家之间的合作互补；二是不同学校之间或同一所学校内部体育教师之间的合作互补；三是中小学体育教师与学生之间的合作互补；四是中小学体育教师与其他人员的合作互补等。

体育教师作为体育课程的实施者，由于身处教学第一线，因而具有较强的实践能力和广阔的实践舞台，但是他们普遍缺乏教育研究方面的知识，教育理论视野也不够开阔，加上繁重的教育教学工作，其参与体育课程内容资源开发的积极性和效果都会受到一定的限制。而高等院校或科研机构的体育学科专家虽有较强的体育课程内容资源的开发意识，也有较扎实的教育理论基础和教育科研能力，却缺乏像中小学体育教师那样的现场经验和具体实践操作能力。因此，只有将二者优势结合起来，形成理论指导——实践操作的相互结合，才能使体育课程内容资源的开发方向更加明确，效果更加明显。

中小学体育教师之间的交流与合作，对提高体育课程内容资源开发的质量与效果也有很重要的意义，因为：其一，体育教师之间的合作、探讨、经验分享本身，就是开发体育课程内容资源的重要方法之一；其二，由于体育教师活动的空间背景相对一致，或同一所学校，或同一个城市、一个区、一个县、一个乡镇的几所学校，其在地域上有着相同的特点，通过相互合作，有利于开发出特色鲜明的体育课程内容。另外，体育教师之间的合作，还可以使一个体育教师或一所学校在体育课程内容资源开发方面所取得的成果和经验，能够迅速在其他教师中推广，形成较强的示范作用，有利于体育课程内容资源开发的不断深入。

体育教师与学生的合作，同样也有利于体育课程内容资源的开发。学生在体育方面的知识、技能、经验等虽然不像体育教师那样，经过了专业培训，但他们在体育方面同样也具有体育教师没有的生活实践优势。表现在：第一，某个领域的体育知识，如 NBA、德甲、意甲、英超等方面的各种信息，学生可能比体育教师掌握得更多；第二，某些运动项目特别是新兴运动项目的知识和技能，如山地自行车、滑板、轮滑、台球等，体育教师可能不如学生；第三，学生本身所拥有的生活和学习经验是体育教师不具有的。体育教师通过与学生合作，不仅可以大大提高体育课程内容资源的丰富程度和开发效果，也有利于使学生的经验进入体育课程，成为体育课程的重要内容。

在体育课程内容资源开发过程中，体育教师与其他人员如学生家长、学校行政人员、教练员、民间艺人、社区其他人员等之间的合作也是非常重要的。也就是说，体育教师要充分地利用一切可以利用的"外力"来提高体育课程内容资源开发的效果。

（四）开发与利用相结合原则

开发与利用相结合原则，是指在体育课程内容资源开发过程中，不能单纯为开发而开发，要注意使开发与实际利用结合起来，使开发的体育课程内容资源通过课程实施的各个环节进入体育课堂而发挥其作用与功能。

以前，课程资源的地位和作用没有得到足够重视，教材以外的课程资源开发力度严重不足。如今，课程资源开发问题已经引起关注，但这又可能导致另一个极端，即肆意开发各种资源，而忽视实际的利用。因此，体育课程内容资源的开发也应该注意尽量避免只重开发不重利用的倾向，既要注意开发的数量，也要注意开发的质量；既要树立积极开发各种体育课程内容资源的意识，又要善于分析、识别、发现现有的体育课程内容资源，把闲置的体育课程内容资源及时进行加工、改造和转化，使之进入体育课程而加以充分利用。

（五）时代性原则

时代性原则具有两个方面的含义：一是指体育课程内容资源的开发要反映出现代社会发展的需求；二是指体育课程内容资源的开发要体现出鲜明的时代特征。随着社会的不断发展和现代科学技术的日新月异，人们的生产方式和生活方式发生了巨大变化。这种变化一方面使人们的生活更加舒适便利，但另一方面也对人们的健康带来了诸多不利影响，如人的生物性退化、人际关系淡化、社会应激水平增加等一系列问题。这种影响同样波及中小学生，如当前学生体质健康水平呈下降趋势，而心理疾病的发病率则呈直线上升趋势。因此，改善和提高青少年学生的健康水平，便成为当今社会发展的需要。体育课程内容资源开发也必须满足这一需求，具体而言，就是要尽可能开发出锻炼价值高、实用性强、对改善学生心理素质及提高学生社会适应能力作用大的体育课程内容。

健康的生活方式是现代人追求的目标之一。娱乐、健身、休闲正在逐步成为人们余暇生活的主旋律，而各种娱乐、健身、休闲的手段也在不断地发明和创造出来，成为深受大众喜爱的新兴运动项目。体育课程内容资源的开发，亦应该体现出这种鲜明时代特征，要让那些有着浓郁生活气息和趣味性强的各种身体练习，通过加工成为体育课程内容的组成部分，以便为学生走出校门、步入社会奠定基础。

三、体育课程内容资源开发的目标

课程的价值在于促进学生的知识、能力、态度及情感的和谐发展。施良方认为，课程的变革，从某种意义上来说，不仅是变革教学内容和方法，也是变革人。促进学生成长是课程改革的出发点和归宿，因为教育的根本目的和功能是促进人的成长与发展，学校的一切工作，最终都是为了促进人的发展，为人的发展服务。从这一点上来说，体育课程内容资源开发的总目标与体育课程的目标应该是一致的，即通过体育课程内容资源开发，培养学生的运动兴趣和运动能力，促进学生身体、心理健康水平和社会适应能力的发展。具体而言，体育课程内容资源开发要实现以下几个目标。

（一）满足学生体育需要，促进学生发展

体育课程内容资源开发的首要目标就是要满足学生的体育需要，促进学生的发展。就学生个体而言，不同年龄、性别以及不同地区的学生，由于各自的教育背景不同，其身心发展的水平如身高、体重、运动能力、对运动的兴趣、爱好、态度、社会交往能力等是有很大差异的。例如，有人曾对上海市学生的运动兴趣进行了调查，发现学生最感兴趣的运动项目前三项皆为球类——篮球、羽毛球、足球；又如姚蕾曾对体育隐蔽课程的设计等问题进行了研究，其认为，不同的学生对体育场地、器材设备的需要是不同的，要想取得好的教学效果，必须事先布置和采用最适合学生需要的教具或器材等。

体育课程内容资源的开发必须以满足不同学生的体育需要为前提，否则便不能被学生所接受。另外，学生在体育方面需要学习的东西很多，远非体育课程所能包揽，因而必须在可能的体育课程内容资源范围内，在考虑开发成本的前提下突出重点，精心选择那些对学生终身发展具有决定意义的体育课程内容资源，使之优先得到开发。

要通过体育课程内容资源的开发，使学生由被动地学走向主动参与、主动探索，从而真正学会学习。为学生提供丰富的、多姿多彩的体育课程内容资源，重在不断培养学生独立学习的意识、习惯和能力。体育教师要充分利用体育课程内容资源开发过程中的各种有利因素，提高学生探索问题、分析问题、解决问题以及合作学习等方面的能力，使他们能够创造性地利用各种体育课程内容资源，为自身的体育学习和实践及其他探索性活动服务。

（二）提高体育教师开发体育课程内容资源的认识和能力

体育课程内容资源开发的另一个重要目标是树立体育教师新的体育课程内容资源观，并不断提高其开发体育课程内容资源的能力。体育教师对体育课程内容资源开发的认识和理解，直接关系着他们开发体育课程内容资源的主动性和积极性，也在很大程度上影响着开发的质量和效果。因此必须通过体育课程内容资源的开发，使体育教师对体育课程内容资源的认识不断深化，逐步树立新的课程资源观。

体育教师开发体育课程内容资源的能力也是影响开发效果的关键因素之一。对绝大多数体育教师来说，怎样开发体育课程内容资源是一个全新的课题。通过体育课程内容资源开发，要促使体育教师不断学习现代教育思想和教育技术，学习体育课程内容资源开发的各种方法与技术，并学会从实践中总结各种经验教训，注重分享其他教师的各种经验和成果，使他们的专业水平在实践中不断提高。

（三）丰富体育课程内容体系

体育课程内容，从内涵上来说应该是非常丰富的。但在以前相当长一段时间内，体育课程内容被限定在体育教学大纲和体育教材所规定的范围内，其他内容如各种新兴运动项目、学生的经验等一般是不会成为体育课程内容的。新课程改革，就是要改变这种局面。体育课程内容资源的开发，也要将丰富体育课程内容体系作为一项基本任务。

体育课程内容资源的丰富性和多样性特点，为我们的开发提供了前提条件。要努力通过体育学科专家、中小学体育教师、学生等多个主体以及国家、地方和学校多个层面全方位、多角度地进行体育课程内容资源的开发，使各种新颖有趣、适应性强的体育课程内容资源不断转化为体育课程内容，使体育课程内容的范围在原有的基础上不断拓展、不断丰富，逐步形成具有中国特色的体育课程内容体系，使拓宽后的体育课程内容能够为学生选择学习、发展个性提供更加广阔的空间，为实施素质教育、提高体育课程教学的质量和效果打下基础。

（四）形成学校体育课程特色，提高新体育课程标准的适切性

致力于形成各个学校的体育课程特色，以提高新体育课程标准对每个学校的适切程度，也是体育课程内容资源开发的重要目标。每所学校由于学校性质、办学条件和教育理念、学生的发展基础等实际情况不同，其拥有的体育课程内容资源的数量、性质和具体结构等也是不同的。因此，不要一味追求体育课程内容资源的统一性，应保持不同地域间学校的体育课程内容资源的丰富多样性，把各个学校所拥有的不同体育课程内容资源，变成特色资源来开发。只有形成特色，才能使一个学校的体育课程内容资源开发具有旺盛的生命力。

第四节　体育课程内容资源开发的范围

一、体育课程内容的知识资源

（一）知识的概念

自古以来，知识与教育就有着密切的内在联系。一方面，知识的传播、选择、分配以及发展等都离不开教育活动；另一方面，知识又构成了教育的重要内容，离开了知识，教育的一切活动就无法正常开展。知识也是日常生活中人们谈论最多的话题之一，但人们对什么是知识无法达成一致意见。不同的学科对知识的理解和解释是不同的，从哲学的范畴来解释，知识是"客观事物的属性与联系的反映，是客观世界在人脑中的主观印象"。从社会学的范畴来看，知识是在人类文明进程中，一切创造工具和结果。心理学对知识给予了新的解释，如布鲁姆（B.S.Bloom）将知识定义为"对事物和普遍原理的回忆，对方法和过程的回忆"等。上述知识观，各自的侧重点相同，前两种泛指人类的知识，最后一种则侧重于个体的知识。

完整的知识应当包括人类的知识和个体的知识，可以从广义和狭义的角度来理解：广义的知识是指人类认识客观世界及其自然实践经验的总结，它可以通过语言文字、

各种媒体长期保存；而狭义的知识则是指个体通过与客观外界环境相互作用所获得的各种信息及技能。在本研究中所使用的主要是广义的知识概念，而对狭义的知识概念将作为个体的经验来进行讨论。

（二）知识的类型

从不同的角度，知识可以被划分为多种类型。例如，按照学科领域，可以将知识划分为哲学知识、自然科学知识、社会科学知识和数学知识；按照知识的载体形式可以将知识划分为显性知识和隐性知识。经合组织（Organization for Economic Co-operation and Development）将知识分为四大类：知道是什么即知事（Know-What，又称事实知识）、知道为什么即知因（Know-Why，又称原理知识）、知道怎样做即知窍（Know-How，又称技能知识）和知道谁有知识即知人（Know-Who，又称人力知识）。其中前两类知识即事实知识和原理知识是可以表述出来的知识，也叫作显性知识，而后两类知识即技能知识和人力知识则难以用文字来明确表述，称为隐性知识；根据知识的作用和功能还可以将知识分为实用知识、学术知识、闲谈与消遣知识、精神知识；而现代认知心理学的理论则从学习的角度将知识分为陈述性知识、程序性知识和策略性知识。

对进入学校课程的知识而言，如果按照知识的内在要素，可以将其分为认知性知识、道德性知识、审美性知识、健身性知识和劳动技术性知识。而根据人类认识的对象，又可以将知识分为自然知识、社会知识和人文知识等。这些内容主要包括各门科学的基本事实、基本概念、基本原理或基本理论等方面的书本知识，在中小学教育中，通过各门学科课程体现出来。本研究中的知识，主要是指与体育课程有关的体育、运动以及健康等方面的理论知识。

（三）知识资源的结构

由于体育课程内容的知识资源主要来源于体育学科的知识体系，因此，体育课程内容知识资源的结构与体育科学体系的结构有着非常紧密的联系。

关于体育科学体系结构，当前主要有五种不同的观点：一是认为体育科学体系由体育社会科学学科、基础学科和运动学学科三大部分组成；二是认为体育科学体系可分为自然科学类、人文科学类、管理科学类；三是认为体育科学体系是研究人体运动规律的科学，它研究的是体育科学、工作、人及其关系，因此可以根据体育科学研究的对象来划分体育科学体系的结构；四是认为体育科学体系可以分为体育基础学科、体育技术学科和体育应用学科三大类；五是将上述方法结合起来进行分类等。尽管没有较为一致的观点，但比较明确的是，体育学科所覆盖的范围基本上包括了社会、自然、人文、管理以及体育运动的专项技术等方面的内容。从体育课程的特点来看，其内容所涉及的主要是体育、运动和健康等方面的知识，而这些知识中，又不同侧面、不同程度地涉及体育与健康方面的科学、社会和人文等方面的知识。为了便于理论研究与实践运用，笔者认为可以将体育课程内容知识资源分为三大类：体育基本理论知识资源、运动项目知识资源和健康知识资源。

二、体育课程内容的经验资源

（一）经验的概念

每个个体在成长过程中，总是不断地接受外部环境的刺激，并体验外部事物，形成经验。经验是个体与外部世界交流的重要手段，不仅反映人们在某一时间、某一范围内的活动历程与内心体验，而且由于人类有思维，懂得利用事物之间的联系，经验往往又成为人们进一步采取行动的思想基础。因此，经验在人的成长过程中具有非常重要的作用和意义。

经验在中文里至少有三个方面的含义：第一，作为动词，是指经历，即亲身体验的过程；第二，作为名词，泛指由实践得来的知识或技能，这与广义的"知识"概念是相通的；第三，作为哲学名词，通常指感觉经验，即感性认识。在英文里，经验（experience）同样具有两种含义：一是名词，指经验、体验、经历、阅历等；二是动词，指经历、体验、感受、遭受等。可见经验一词在中、英文里都有动词和名词两种用法。但与中文不同的是：首先，英文的经验在做名词使用时，其含义主要突出个体的色彩，即特指通过个体活动获得的结果，而没有中文中"泛指由实践得来的知识或技能"这样的含义；其次，英文中经验作为动词使用非常普遍，尤其突出并强调个人的亲身、直接的体验过程，有个人主观体验过程在内的含义。

本研究中所使用的经验包括了两个方面的含义：一是指学生个体通过与客观外界环境相互作用最终所获得的知识与技能；二则是指学生个体通过体验、感受、获得、占有知识的过程。

（二）经验作为课程资源的意义

作为人类认识世界的重要形式，经验是知识的基础。教育是人类的一种特殊的认识活动，它必然与经验存在非常密切的联系。早期的教育学家们非常重视经验在教育中的作用，如捷克教育家夸美纽斯就提倡观察自然、模仿自然，重视自然经验在教育中的作用。卢梭强调直接经验在获得真理过程中的基础地位。裴斯泰洛齐主张认识事物从直接经验开始，并且非常重视生活经验，提出生活即是教养的主张等。

尽管如此，把经验作为课程的重要组成部分却经历了一个漫长的发展过程。近代学校课程是以知识为本体的，最典型的是英国教育家斯宾塞。在"什么知识最有价值"的呼唤下，他提出了"一致的回答是科学"的答案，为自然科学进入学校课堂提供了理论基础，并由此带来了近代教育的重大进步。但是，这种知识本位的课程观存在一定缺陷，其强调课程的直接结果，关注的是学习者是否掌握了知识、掌握了多少知识以及怎样使受教育者尽可能快、尽可能多地记住知识等，知识的质和量成为教师、学生乃至整个课程、全部教育所追求的目标。在这里，知识是课程的中心，成为课程的主宰；在这里，生活世界被忽略了，人类文化中的精髓和富有灵性的部分被理性的知识所代替而难以在课程中表现出来；在这里，知识的完整统一性被破坏，情感体验、意志努力在知识学习过程中的重要作用被漠视，知识中本应该充满生机和活力的部分一次次地从课程中剥离出来，致使课程变得冷漠和枯燥，缺乏人性。知识本位课程观的这些缺陷，逐渐被人们所认识，并不断受到批评。美国教育家杜威通过长期的教育实验，全面而深入地对经验、经验与教育、经验与课程等问题进行了研究，提出了"教育即经验的不断改造"的重要教育命题，并且由此带来了课程观——知识本位向经验本位的重大转变。经验本位的课程观明确了学习者与课程的关系，突出了学习者在课程中不可缺少的地位。也就是说，如果不能将学习内容转化为学习者的经验，如果不通过学习者积极主动地学习体验，学习就不可能是真正有意义的。将经验作为课程的本体，是课程观的一次重大飞跃，尽管其可能仍然不完善，但毕竟打破了知识中心一统天下的局面。同时，随着课程的进一步发展，知识本位与经验本位的课程观将逐渐由对立走向融合。

把经验作为课程资源的积极意义在于：首先，拓展了课程资源的内涵。课程资源不仅是知识和知识的载体——教材，不仅是教学环境和设备，也不仅是课程专家和教师，它内在地包含了学生个体的经验系统，而且它不是一般的课程资源，更是基础性资源，其他的课程资源只有与学生的经验相结合，才能够真正发挥作用。其次，突出了学生作为学习者的主体地位。经验是一个主动的过程，不单是学习者被动地受着环境的影响和塑造，还是学习者对未知的积极探索和对环境的主动改造。每个人的认识能力及其特征都具有差异性，主动作用需要的不仅是记忆和理解，更需要学习者在主动学习的过程中去想象、尝试、反思甚至创造，这对学生的发展无疑具有非常积极的意义。最后，将学生的经验作为课程资源，还有利于增强课程内容与学生社会生活和现实生活经验的联系，使课程真正具有生活意义和价值。

（三）经验资源的结构

学生经验的获得，与其生活环境包括自然环境和社会环境是密不可分的。在社会环境中，家庭、社区和学校对学生经验的形成有着非常重要的影响。体育课程所涉及的学生经验资源大致包括了学生的家庭生活经验资源、社区生活经验资源和学校生活经验资源三个方面。

1. 家庭生活经验资源

家庭是社会的"细胞"，其对学生的成长起着非常独特的作用。在家庭中，父母与子女关系，构成了家庭教育的逻辑起点，家庭生活的点点滴滴，无时无刻不在影响学生的人生观和价值观以及各种经验的形成。家庭生活经验是学校生活的重要基础，一方面，儿童在入学前所受到的家庭教育是进入学校时必需的；另一方面，入学后的儿童仍然是家庭成员，还必须继续接受家庭教育，家庭生活的经验将持续不断地对学生的学校生活产生影响。

2. 社区生活经验资源

社区是指"进行一定的社会活动，具有某种互动关系和共同文化维系力的人类群体及其活动区域"。社区为人们提供了社会交往的组织空间和地理的活动空间，人们的日常生活，大都是在一定的社区范围内进行的，社区对人的思想观念、行为规范、生存和发展等方面有着重要的影响。社区同时也是学生生活的重要空间，他们在社区的活动是丰富多彩的，社区生活经验构成了其经验的重要组成部分，具有非常重要的开发价值。在社区中，他们不断经历着体能的增强、运动技能的提高和心理品质的磨炼。而且，各个社区所开展的娱乐、游戏和运动活动，有着各自的特色，这使得不同社区的学生在参与社区游戏、娱乐和运动活动过程中所积累的经验也各具特色。同时，在参与社区游戏、娱乐和运动活动中，学生与社区的其他成员之间是互动的，表现在：一方面，社区的其他成员在游戏、娱乐和运动活动中对学生起着指导作用；另一方面，学生在社区游戏、娱乐和运动活动中也起着骨干作用，有些学生甚至还扮演了"小老师"的角色。这个互动过程，对学生游戏、娱乐和运动经验的生成、积累无疑是非常有益的。

3.学校生活经验资源

学校生活是人生必不可少的重要阶段，学校教育为个体的成长奠定了基础。学校环境和各项活动是按照教育活动的需要为实现育人目标而组织起来的，学校生活本身具有很强的教育意义。对于学生来说，由学校生活的时间非常长，因此学校生活经验对他们的成长有着重要的意义。

三、体育课程内容的身体练习资源

（一）身体练习的概念、特点与分类

1.身体练习的概念

动作是人体进行身体活动最基本的结构单位，各种动作构成了人类日常生活的各种活动。通常，人们把为了实现体育目的而采取的各种身体活动的内容和方法称为体育手段。在相关的文献中，身体练习也叫"运动动作""体育动作""动作"。一般认为，身体练习是体育手段的各种具体动作，它是人们为了增强体质、娱乐身心或提高运动水平而采用的身体活动内容。身体练习与体育手段有着非常密切的关系：第一，身体练习是体育手段的基本结构要素，即体育手段本质上是由各种具体的身体练习（或运动动作）组成的；第二，某些身体练习的具体动作本身就可以构成一项体育手段，如慢跑、俯卧撑等。所以，身体练习又可以作为狭义的体育手段概念来理解。

身体练习是体育课程的主要内容。与其他文化课不同的是，体育课程学习的结果主要表现在体能的增强、运动技能的掌握和行为态度的改变等方面，而这必须通过学生亲身参与各种运动实践才能实现，这也就决定了体育课程各种教和学的内容，主要由各种形式的身体练习所组成。同样地，身体练习资源在体育课程内容资源体系中亦占有非常重要的地位，是我们重点要开发的体育课程内容资源。

2.身体练习的特点

从宏观角度而言，身体练习具有四个基本特点：首先，它是由骨作为运动的杠杆、以关节作为运动枢纽、以肌肉（骨骼肌）收缩为运动动力的身体活动；其次，进行身体练习的过程中，伴随着能量消耗由低向高变化；再次，它对体质健康有积极影响；最后，有明确的目的性，只有那些为了实现体育的目的任务而采用的运动动作才能称作身体练习，这也是身体练习区别于生活动作、劳动动作、艺术动作以及军事动作的主要标志。

从微观的角度来分析，身体练习又具有以下特征：第一，所有的身体练习都是在一定时间、空间中按照一定的节奏进行的，其运动学和动力学以及综合性特征具体又通过身体姿势、练习轨迹、练习时间、练习速度、练习速率、练习力量和练习节奏等要素表现出来；第二，它需要一定的自然环境和物质环境如体育场、体育馆、各种运动器材和设备、空地、大海、沙滩等；第三，身体练习有多种表现形态，其既可以由单一运动动作构成，也可以由多个运动动作组合而成，还可以将运动动作与一定的情节、规则、场地等要素相结合构成各种活动性游戏和运动项目等；第四，身体练习中的人员关系也是多种多样的，如单人的身体练习、双人的身体练习、集体的身体练习、同步的身体练习、非同步的身体练习等。

值得指出的是，每个身体练习所具备的要素特征是不同的，这意味着不管什么样的身体练习，只要我们变化其中任意一个要素的特征就可以形成一种新的身体练习内容或手段，这为我们开发体育课程的身体练习资源提供了一个全新的思路。

（二）身体练习资源的结构

根据本书所采用的身体练习分类方法，相应地，体育课程内容的身体练习资源大致由单一动作结构的身体练习资源、组合动作结构的身体练习资源、活动性游戏资源和运动项目资源四个方面构成。

四、体育课程内容资源开发的主体

（一）体育学科专家

体育学科专家一般具有较高的学历和职称，他们主要在高校或科研所从事学校体育或体育课程方面的教学及研究工作，其经过严格的专业训练，具有丰富的专业知识和经验，有较强的创新精神和较宏观的理论视野。体育学科专家的优势是有比较高的教育学和体育学科方面的理论水平和科学研究水平，对国家的宏观教育政策理解得比较透彻，劣势是缺乏体育课程教学的实际操作经验。体育学科专家虽然不像体育教师那样亲临课程实施的第一线，但他们在体育课程内容资源开发中起着非常重要的作用。

（二）体育教师

教师是课程实践的核心人物，他们在课程实施中扮演着主要角色。同样，体育教师在体育课程资源开发过程中也起着核心作用，这不仅因为体育教师是体育课程的具体实施和操作者，还在于体育教师本身所具有的知识与技能、过程与方法、情感态度与价值观等都是最宝贵的体育课程资源。与体育学科专家不同的是，体育教师虽然受过专门的教育与培训，但由于自身知识结构、综合素质等条件的局限，其教育及体育方面的理论水平远不及体育学科专家，但他们具有体育学科专家没有的优势：首先，他们与学生接触更广泛，熟悉学生的个性差异和日常交往行为，也最了解学生的想法和感受；其次，他们掌握有体育课程实践的第一手资料，而这正是体育学科专家非常缺乏的。体育课程内容资源开发的效果，在很大程度上是由体育教师所决定的。

（三）学生

学生是教育的对象，更是一种重要的教育资源。学生成为特殊的课程资源开发者，根本原因在于学生是课程的主体。

（四）其他人员

其他体育课程内容资源开发主体还有：学校其他课程的教师，学校行政管理人员，教育行政部门管理人员，学生家长，社区居民，其他专业人士如业余体校的教练员、运动员等。在开发体育课程内容资源的过程中，我们应该根据需要充分发挥他们的作用。

第五节　体育课程内容资源开发的方法

在体育课程实践中，体育学科专家、体育教师和学生在进行体育课程内容开发中所采用的方法是多种多样的。访谈调查的结果表明，中小学体育教师在开发体育课程内容资源的实践中，常采用改造、整合、拓展等方法。本节主要采用了改造和整合的方法来开发体育课程内容资源。

体育学科专家常用的开发方法主要是筛选、改造和整合等。通过综合问卷调查、访谈调查和行动研究的结果，本节认为最主要的体育课程内容资源开发方法有五个，分别是筛选、改造、整合、拓展和总结。

一、筛选

（一）筛选的定义

所谓筛选，就是按照一定的标准从大量的体育课程内容资源中，选择出合适的体育课程内容的方法。例如，体育学科专家从球类运动项目中选择篮球、乒乓球作为体育教材内容等。

（二）筛选的特点

1. 确定选择标准是运用筛选方法的关键

不同的开发主体，由于各自的经验背景、开发的层次、开发的目的及看问题的角度等方面的差异，其筛选课程内容资源的标准在具体操作上可能会有所侧重：体育学科专家在运用筛选方法时可能会更多地考虑到一些宏观方面的标准，如国家的教育政策、学校体育的指导思想、体育课程标准的要求；体育教师在运用筛选方法时除了要考虑体育课程标准的要求外，会更多地考虑一些微观方面的标准，如学校的体育场地、器材方面的条件、学生的实际等；而学生在筛选课程内容资源时则会更多地考虑体育教师的要求和自己的兴趣、爱好和特长。

2. 筛选可以在一定程度上解决体育课程实践中"教不完""教不会"的问题

"教不完"和"教不会"是体育课程实施过程中常见的问题，筛选通常是解决该问题的主要手段。筛选通常表现为两个层次：一是面对大量的体育课程内容资源，在体育教材中不可能全部反映出来，因此体育学科专家在编写体育教材时必须对各种体育课程内容资源进行筛选；二是体育教材中所呈现的内容，基于场地器材、教学时间等方面的原因，在任何一所学校都不可能全部教给学生。而且在实践中，体育教师还会面临这样的难题，即选择多少体育课程内容才是合适的，因为体育课程教学的总时数是有限的，选择的内容数量越多，每个内容平均的学时数就会相对减少，反之亦然。所以上什么、不上什么，对体育教师而言同样涉及如何筛选的问题。

3. 筛选的结果一般表现为数量上的变化，而非质量上的变化

运用筛选方法是为了从大量的体育课程内容资源中选出少量的体育课程内容，而每个所筛选出的体育课程内容在具体性质上基本上没有发生改变。例如，我们选择乒乓球为高中生体育课程内容，在具体的乒乓球技术、战术、比赛规则、场地器材等方面基本上与社会上所开展的乒乓球运动是一样的，没有什么差别。

筛选方法的优点是运用起来简单、便捷；缺点是灵活性和适应性较差，表现在体育学科专家和体育教师所选择的体育课程内容有时可能会与学生的身心发展特点不相一致。如小学生学习篮球也用标准的场地和器材，就有可能造成他们学习上的困难。

（三）筛选的适用范围

就使用的对象来说，体育学科专家、体育教师和学生在体育课程内容资源开发中都可以运用这种方法。但相对来说，体育学科专家在编写体育教材时、体育教师在确定体育课程内容时运用这种方法比较普遍，而学生则使用得比较少。由于筛选法的特点，其主要用于体育课程的知识资源和身体练习资源的开发。

（四）筛选的一般步骤

1. 开列内容清单

尽可能将所要开发的体育课程内容的相关资源列出来，以供选择。例如，野外运动项目的开发，首先要搞清楚野外运动项目总共有哪些，并将其一一罗列出来。

2. 确定选择标准

选择标准因开发主体的不同、开发目的的不同而在具体内容上会有所差异，但一般要考虑的因素有国家的教育和体育政策、学校体育的指导思想和目标、体育课程标准、学校的体育环境、师资、体育教材、学生的特点、具体的课堂教学目标等。

3. 按照选择标准筛选出合适的体育课程内容

值得注意的是，为了避免筛选法的缺陷，在实际的体育课程内容资源开发过程中，还要尽可能地将筛选法和其他方法结合起来运用。

二、改造

（一）改造的定义

改造是指根据体育课程具体实施的不同对象和条件等特点对原有体育课程内容资源的某个构成要素进行加工、变化、修改的方法。改造是体育课程内容资源转化为体育课程内容的基本途径。特别是身体练习资源，其要成为体育课程内容，必须经过教育学意义上的加工处理。例如，将排球作为小学体育课程内容时，可以考虑在器材、场地等方面对其进行改造，如采用软式排球，采用适合于小学生的球网高度等。

其实，很多专家、学者以及第一线的体育教师很早就注意到了对竞技运动项目进行加工改造，使之能够进入体育课堂、成为体育课程内容的问题，尽管他们在提法上有一些不同，如有的叫"竞技运动项目的教材化"，有的叫"竞技运动项目的软式化"，还有的叫体育教材的加工与改造等，但主要观点是基本一致的，即都认为竞技运动项目在本质上与体育课程内容或体育教材是不同的，必须经过改造才能成为体育教材或体育课程内容。

季浏将"运动项目改造"作为体育课程内容资源开发的主要方法，这是一个新的视角。本节所讨论的改造方法，也是从体育课程内容资源开发这个视角切入的，但是本研究所指的"改造"在内涵上已大大超过了上述专家和学者所探讨的范围。

（二）改造的特点

1. "变化"和创新是改造的核心

经过改造的体育课程内容，虽然保留了原来的一些元素和特征，但是在性质上已经发生了变化，其已经"面貌一新"。因此，改造的过程实际上是一个对原有体育课程内容资源创新和重构的过程。

2. 改造的具体方式是多种多样的

在运用改造法进行体育课程内容资源开发时，具体的方式是很多的，每一种方式运用的条件和效果都有所不同。

3. 改造的具体内容具有多元性

改造既可以是功能性的，也可以是结构性的；既可以针对原有体育课程内容资源个别要素，也可以针对多个要素；既可以是整体、系统的改造，也可以是局部、部分的变化；既可以是民族、民间文化如民间歌舞或民族传统运动项目的推陈出新，也可以是国外新兴运动项目的本土化改造和引进；既可以是对单一动作结构和组合动作结构的身体练习的变形，也可以是对活动性游戏或运动项目的改造等。

改造是建立在个体经验的基础上的，因此，改造方法的运用有一定的难度，改造方法对使用者的能力要求比较高，如果使用者不具备一定的改造体育课程内容资源的知识、方法、能力以及技巧，是很难对各种体育课程内容资源进行有效改造的。

（三）改造的适用范围

改造方法的主要使用对象是体育学科专家、体育教师以及具有一定改造体育课程内容资源能力的学生。从各个体育课程内容资源开发主体的不同特点来看，使用改造法最频繁的是体育教师，因为为了提高体育课程内容的适应性和可操作性，他们时刻要根据学校条件、自身特点、学生的兴趣、爱好及身心发展特点等对各种体育课程内容资源进行改造以适应具体的体育课堂情景。

改造方法主要用于身体练习资源的开发，尤其是活动性游戏资源和运动项目资源的开发。改造方法也可用于学生经验资源以及体育课程内容其他资源的开发，如对民间歌舞的改造等。

（四）改造的一般步骤

1. 分析学生的特点和学校的条件

如分析学生的年龄、性别、兴趣、爱好、生理发育特点、心理发育特点、生活经验基础、学校的场地、器材设备条件等，通过分析，以确定改造的具体内容和方式。

2. 分析体育课程内容资源的构成要素

体育课程内容资源，都由一定的基本要素所构成，如身体练习就是由练习方法要素、环境要素、人与人及人与环境关系要素、比赛规则要素等构成的，改造实际上就是对这些要素的不断加工和修改。对某个具体的体育课程内容资源而言，从中提取一些要素、改变一些要素、增加一些要素、舍弃一些要素就可以形成一个新的体育课程内容。

3. 按照一定的目的和原则对体育课程内容资源的各构成要素进行改造

改造不是随意进行的，必须有明确的目的，必须遵循一定的原则。毛振明提出，在竞技运动项目教材化的过程中，应考虑从以下几个方向进行：一是向动作教育方向教材化；二是向游戏方向教材化；三是向理性方向教材化；四是向文化方向教材化；五是向生活、实用方向教材化；六是向简化方向教材化；七是向变形方向教材化；八是向运动处方方向教材化。季浏等认为在竞技运动项目改造中要遵循主体性、主动性、实效性、可接受性、全面性、选择性、教育性、趣味性以及安全性等。本节认为，在体育课程内容资源的改造过程中需要考虑四个基本原则，即趣味性与游戏性原则、教育性与文化性原则、适应性与可行性原则以及生活性与实用性原则。

4. 重构与修改

重构与修改即对改造后的体育课程内容资源进行重新构建，运用于体育课程的课堂实施，以了解其效果和存在的主要问题，并进行适当修改，为下一轮实施提供参考。

三、整合

（一）整合的定义

所谓整合是指将各种体育课程内容资源的某些要素通过一定的方式有机地结合在一起，从而形成新的体育课程内容的方法。例如，把乒乓球运动和羽毛球运动整合在一起，利用木制乒乓球拍、羽毛球的球和球网以及乒乓球的基本比赛规则，就可以组合成一项新的运动项目——"搭搭球"。

（二）整合的特点

1. 整合的范围非常广泛

从理论上来说，整合的范围是没有边界的，其涉及所有体育课程内容资源，既有与体育课程联系非常紧密的知识、身体练习资源，也有与体育课程联系不太紧密的知识、技能或其他资源，如数学、语文、艺术等课程中的某些知识和技能等。

2. 整合的层次和方式多种多样

整合既可以是空间上的整合，也可以是功能上的整合，还可以是结构和要素上的整合。整合既可以发生在同一类型的体育课程内容资源之间，如知识资源与知识资源的整合，也可以发生在不同类型的体育课程内容资源之间，如知识资源与身体练习资源的整合；整合既可以发生在体育课程内部，也可以发生在体育课程与其他课程之间；整合还可以是跨领域、跨学科的，如体育与军事、体育与舞蹈、体育与医学等。整合的方式也是多样的，既可以是单一性的如两个身体练习之间的整合，也可以是综合性的如多个运动项目的整合等。

3. 整合的关键环节是提炼

整合效果主要取决于对不同体育课程内容资源要素的提炼，也就是要尽可能地把各个要素的最"精彩"之处结合在一起。

（三）整合的适用范围

就开发主体而言，使用整合方法的主要是体育学科专家和体育教师，学生在体育教师的指导下，也可以采用这种方法进行体育课程内容资源的开发。整合的方法可以用于各种体育课程内容资源的开发。

（四）整合的目的

确定整合的主要目的采用整合的方法进行体育课程内容资源开发，一般有以下几种目的：一是为了发挥体育课程内容的多种教育功能，如"电脑键盘操（体操＋计算机）""英语字母操（体操＋英语）""体育＋安全教育""体育＋国防教育"等，使体育课程内容不仅具有健身娱乐的功能，还有开发智力、培养审美意识和能力等方面的作用；二是为了增加体育课程内容的趣味性，如上面的"羽毛球＋乒乓球"的例子；三是为了提高体育课程内容的适应性，特别是对一些学生感觉到比较枯燥、难学的内容，可以通过整合使体育课程内容更加适合学生的特点，如"游戏＋健康知识"的整合等。不管是为了何种目的进行体育课程内容资源整合，必须明确。

四、拓展

（一）拓展的定义

拓展是指对原有的体育课程内容资源在形式、具体内容及功能等方面进行扩展、补充，使体育课程内容在具体内容和形式上更加完整，在功能上更加全面的方法。例如足球，除了体育教材上的内容外，还可以根据学生的特点，进行一定扩充，如增加有关足球运动的发展历史、足球动作的图片、足球赛的录像（或电影）、报纸、期刊关于足球明星的报道等。

（二）拓展的特点

1. 拓展大都是围绕着一个具体的体育课程内容资源进行的

由于拓展的主要目的是使原有的体育课程内容更加丰满、完整，因此拓展主要是围绕着某一个具体的体育知识或身体练习等来进行的。例如，投掷内容可以从单一的右上手投，延伸到左上手投，拓展到单手下投、飘投、抛投，双手向前、向后、向上抛投等。

拓展的方式主要有内容上的拓展、形式上的拓展和功能上的拓展三种。内容上的拓展主要是围绕某个知识资源或身体练习资源补充一些相关的材料，如"吸烟与健康"的课题，就可以补充诸如"吸烟与寿命""吸烟与疾病""吸烟与智力""吸烟与环境"等方面的材料。形式上的拓展是扩展课程内容呈现的形式，如对以文字形式呈现的体育课程内容，可以补充以电影、图画、照片、图表、光盘、模型等其他形式的内容。功能上的拓展主要是尽可能挖掘体育课程内容多方面的功能，如攀爬练习，其主要功能是发展基本活动能力，为了实现不同的课程目标，可以将其功能向改善心理品质、提高社会适应能力等方面扩展等。

2. 活动是拓展的重要途径

特别是以学生为主体进行体育课程内容资源的拓展时，体育教师可以通过组织各种活动来进行，如对奥运知识的拓展，就可以通过组织奥运知识竞赛、象征性奥运火炬接力、奥运演讲比赛、奥运戏剧表演、奥运物品收藏展示等多种活动来进行。

3. 拓展方法总是与筛选和改造方法结合在一起运用

由于拓展后的内容非常丰富，有些可能并不适合学生或学校的特点，因此必须对这些内容进行相应的筛选和改造。

（三）拓展的适用范围

体育学科专家、体育教师、学生皆可以使用拓展方法进行课程内容资源开发。但这一方法通常在学校层面运用更为普遍，因此使用对象主要是体育教师和学生。

拓展方法主要用于知识资源和身体练习资源的开发，也可以用于学生经验资源的开发。

（四）拓展的一般步骤

分析体育课程内容资源的性质和特点，即分析各体育课程内容资源的内容结构、呈现方式、主要功能等方面的特点，以便为如何对该内容进行拓展提供依据。

1. 分析体育课程内容资源的性质和特点

即分析各体育课程内容资源的内容结构、呈现方式、主要功能等方面的特点，以便为如何对该内容进行拓展提供依据。

2. 寻找拓展的空间

即考虑从哪些方面进行拓展，是进行内容结构拓展，还是呈现方式或主要功能的拓展等。

3. 尝试对体育课程内容资源进行拓展

拓展时要充分利用学校、社区和家庭的各种条件，如图书馆、资料室、网络、书店等，并注意对拓展的内容进行必要筛选、改造，使其具有可行性和可操作性。

4. 整理、实施与总结

对拓展后的内容通过课堂教学实施，并对实施的情况进行总结，还要分门别类进行整理，有些内容可以作为资料长期保存，有条件的还可以建立相关的资源库。

五、总结

（一）总结的定义

所谓总结，是指对体育课程内容开发实践中的各种经验、成果等进行回顾、分析和反思，以归纳出具有典型意义的体育课程内容的方法。例如，体育学科专家对中小学体育教师开发体育课程内容资源的经验进行分析与归纳等。在体育课程内容资源的开发中，总结既是一种开发方法，也是开发过程中的一个重要环节。

（二）总结的特点

1. 总结的目的是多元的

一般来说，运用总结方法开发体育课程内容资源的目的有三个：一是反思体育课程内容资源开发的得与失，以便为下一阶段的体育课程实施提供依据；二是对体育课程内容资源开发中的各种经验和成果进行推广，以便能为广大中小学体育教师进行体育课程内容资源开发提供可以借鉴的范例，不断促进体育课程的发展；三是对学生来说，总结是为了与其他同学分享学习经验，进一步巩固学习效果。

2. 总结贯穿整个体育课程实施的全过程

总结一般发生在体育课程内容资源开发活动结束后，它既可以针对有目的、有计划的体育课程内容资源开发活动，也可以针对课程实践中随意的、不经意之间的偶然收获。例如，体育教学过程中的"灵机一动"。而针对后一种情形的总结，对体育课程内容资源的开发、对体育教师的发展有着不同于一般的意义。新课程理念所提倡的反思型教师，实际上就是要求教师应该随时将教学过程中的点滴经验与教训、成功与失败总结出来。

3. 总结的方式主要有一般性文字报告和学术论文两种

一般性的文字总结或报告，是我们大多数体育教师以及大部分学生所采用的主要方式，比较规范的学术论文则在体育学科专家和少部分体育教师中运用得比较多。在有些学校，体育教师还十分强调学生用小论文的形式来总结其在体育课堂上的主要收获，这种做法在新课程改革提倡研究性学习的背景下，显得极有意义。

（三）总结的适用范围

体育学科专家、体育老师、学生皆可以运用总结方法进行体育课程内容资源开发。总结方法适用于对知识资源、身体练习资源、学生的经验资源及其他体育课程内容资源的开发。

（四）总结的一般步骤

反思开发过程注重体育课程开发过程中的各种经验，以便能从中发现一些有价值的经验，形成文字材料。在反思的基础上，把反思的结果用报告心得、教训等进行回顾。反思尽可能要详细，以小论文、学术论文及专著等形式反映出来。

第六节 体育课程内容资源开发的程序

一、开发阶段的划分

从对体育课程内容资源开发各具体案例的调查以及行动研究的结果来看，某项体育课程内容资源的开发活动，一般都有准备、实施和总结三个主要环节。因此，本节将体育课程内容资源开发的过程大致划分为三个基本阶段，即开发的准备阶段、开发的实施阶段和开发的总结阶段。上述三个基本阶段，构成了体育课程内容资源开发的基本程序。

三个阶段由于各自的活动任务不同，每个阶段相应的活动内容也是不同的。需要明确的是，每个开发阶段的结束意味着下一个阶段的开始，它们之间没有明显的界限，在体育课程内容资源的开发过程中，不要人为地将之割裂开来。

二、各开发阶段主要活动内容分析

（一）开发的准备

准备阶段是开发具体实施前的预备阶段，从管理角度而言，准备是进行任何活动必不可少的首要环节。在体育课程内容资源开发中，精心的准备工作不仅关系着整个开发活动是否能够顺利进行，还决定着最终的开发质量和效果。

在体育课程内容资源开发的准备阶段，其主要任务是为开发的实施提供人员保障以及切实可行的开发方案，其必须确定三个问题：为什么开发、由谁来开发和开发什么。

为什么开发，即开发的直接目的是什么，不同的开发目的决定了不同的开发内容与方法。由谁来开发，即谁是开发活动的主体。体育课程内容资源的开发主体，既可以是单一性的，如以体育学科专家或体育教师为主体进行开发，也可以是综合性的，如体育学科专家与体育教师或体育教师与学生联合进行开发等。开发什么，即开发的具体对象与内容。

由谁来开发和开发什么构成了体育课程内容资源开发准备阶段的两个实质性的工作：组织准备与方案准备。

1. 组织准备

组织准备主要是开发人员的准备，主要工作包括成立专门的体育课程内容资源开发工作小组，确定参与的主要人员及小组成员之间的分工，设置一定形式的开发办事机构，聘请有关专家、顾问组成专家组等。

不同性质的体育课程内容资源开发活动，组织准备的规模、结构等都是不同的。例如，国家层面的体育教材开发活动，不仅参与人员众多、涉及范围广，而且组织结构也非常完整。又如，体育教师在体育课堂上进行的体育课程内容资源开发活动，所参与的人员则主要是体育教师和某个班级的学生等。

组织准备一定要围绕开发的具体目标来进行，要讲究效率。如有可能，还应该对参与开发的人员进行一定的培训。

2. 方案准备

方案准备是整个开发过程中技术性最强的工作，其又包括了以下工作环节。第一，明确开发目标。即确定开发体育课程内容资源所要完成和达到的目的或标准，一般应以解决实践中的某个问题为重点，如开发适合学生在室内开展的身体练习，改变学生学习体育基本理论知识的学习方式或编写地方特色的体育教材等。

第二，收集相关信息。这是开发体育课程内容资源非常重要的环节，其所涉及的范围也极为广泛。在体育课程资源开发中，收集和获取信息的方法也是多种多样的，主要有开展调查研究、查阅文献资料、利用教育技术手段等。

值得提出的是，在获取相关的体育课程内容资源开发信息中，要特别注意发挥网络的重要作用。网络是一个信息的海洋，通过它我们可以找到自己需要的各种信息：教育的、体育的、娱乐的、休闲的、历史的或现实的、文字的或影像的，等等。网络还有一种最宝贵的却容易被人们忽视的资源——人的资源。在互联网上可以找到各种各样的人，如教育专家、体育专家、运动员、体育教师、教练员、民间艺人以及有各种有专长的人士等，我们需要解决的问题都可以得到他们的帮助。

第三，编制开发方案。在确定开发目标和收集的相关信息的基础上，方案准备的最后一个环节就是设计出具体的开发方案。不同性质的体育课程内容资源的开发，在方案的结构以及具体内容的详细程度以及侧重点等方面都有一定的区别。一般来说，一份较为完整的体育课程内容资源开发方案大致应该包括以下要点：开发主题与背景；开发目标；开发的组织/参与人员；开发的主要方法，包括一些具体的手段如怎样获取相关信息等；开发的具体步骤与时间安排；开发的成果形式等。

在实践中,有些体育课程内容资源的开发活动是通过体育课程实施的主要环节——体育教学来完成的,如对学生经验资源的开发等。对这一类体育课程内容资源开发方案的编制既可以单独进行,也可以与具体的体育课堂教学设计和教案相结合,在体育教学设计和教案中体现出来。

(二) 开发的实施

实施阶段是将准备阶段所制订的方案付诸行动的过程,它是整个体育课程内容资源开发过程的核心。实施阶段所面临的主要任务是如何开发、怎样开发才有效这样一系列的问题。体育课程内容资源开发的实施不仅需要考虑如何配备人员以及协调人员之间的关系,而且需要考虑有可能影响实施过程的外部因素,如时间、经费、场地器材、学校领导的态度等,因为每个影响因素都有可能导致整个开发过程的流产和失败。

在体育课程内容资源开发实施阶段,往往可能会暴露出一些出乎意料的棘手问题,如教师与专家的沟通问题,开发内容与开发条件的矛盾问题、开发内容与学生的可接受性之间的冲突等,这些都需要进行特别处理和解决。

1. 开发实施的途径和形式

对于不同的体育课程内容资源开发主体和开发内容,实施开发的途径和形式是多种多样的,主要有以下几种。

体育课堂教学。这是体育教师和学生进行体育课程内容资源开发的主要途径,特别是对学生经验资源的开发。体育课堂教学通常是体育教师和体育学科专家实施体育课程内容资源开发方案的主要场所,其同样也可以作为验证开发效果的重要途径。

课外作业。课外作业是以学生为主体进行体育课程内容资源开发的主要形式之一,通常在体育教师的指导和家长等的帮助下进行。例如,让学生通过网络、图书馆和书店开发心理健康方面的知识资源等。

理论研究。这种形式通常为体育学科专家和体育教师所采用。如体育学科专家在编写体育教材时,可以运用文献资料法及归纳、演绎等逻辑方法,通过理论研究对体育教材的结构、体系、内容等进行建构。

2. 行动研究

教育实验。教育实验是一种比较规范、有效的开发实施形式,通常为体育学科专家和体育教师所采用,当然这个过程少不了学生作为实验的对象。一般来说,教育实验也可以分为多种类型,如小规模教育实验和大规模教育实验、预备实验和正式实验等。

3. 开发实施须考虑的因素

在体育课程内容资源开发的实施阶段，为了提高实施的效率，还应该考虑以下几个因素。

第一，人员因素。其包括了两层含义：一是指在体育课程内容资源开发的实施过程中，要合理确定每个参与人员的主要工作职责，即工作范围的划分；二是指人员之间的协作，包括怎样协作以及以什么样的方式进行协作等问题。对于一个规模比较大的体育课程内容资源开发活动，如国家级体育教材的编写、体育校本课程的开发等，参与的人员会来自不同的地方和部门，要顺利地实施开发方案，对这些人员的有效组织往往是关键。

第二，时间因素。时间是决定开发实施效果的另一个重要因素，在开发实施阶段，不仅要考虑整个开发活动的时间安排，还要考虑开发实施各个环节的具体时间如何安排。例如，体育教师在安排开发实施的时间时，必须考虑学校的课时表，以避免其与开发实施活动时间安排的冲突。再如，以学生为主体的体育课程内容开发的实施，体育教师应该根据他们的实际情况来确定其完成的时间等。

第三，条件因素。条件因素包括开发实施所需要的场地、器材设备以及经费等，其是开发实施的重要保证。在实践中，往往会出现开发方案与开发条件之间的矛盾，这时解决的方法只有一个——调适：要么修改开发方案，使方案适应现实条件；要么创造条件，尽量使现实条件与开发方案相适应。

体育课程内容资源的开发实施过程具有反复性的特点，也就是说，整个实施过程不可能一次完成，需要反复进行尝试、改进、再尝试，才能取得较好的效果。

（三）开发的总结

总结阶段是体育课程内容资源开发的结束阶段，其主要任务是对开发准备阶段和开发实施阶段的所有活动进行回顾和评价。总结既意味着上一个阶段的终止，也意味着下一个阶段的开始。也就是说，总结阶段所提供的各种信息，往往成为下一轮开发活动准备阶段编制开发方案的重要依据。此阶段的活动内容主要有整理开发成果、了解相关信息、评价、撰写总结报告和推广开发成果等。

第五章　高校体育教学训练方法路径

第一节　力量素质和速度素质训练

一、力量素质训练

多数体育生都是在高二才开始加入体育训练的队伍中来，由于没有长期系统的专业训练，想要在短期内迅速提高运动能力进而取得优秀的体育高考成绩极易在训练过程中走入误区，进而造成运动成绩起伏不定，停滞不前的现象。体育高考主要分为身体素质和球类两大考核部分，力量素质作为身体素质的重要组成部分，将直接影响体育高考的总成绩。因此，如何在力量素质的训练过程中，避免误区争取训练效果的最大化显得尤为重要。本节将从以下几点对力量训练的注意事项进行阐述。

（一）力量素质的发展既要全面也要突出重点

机体作为一个有机的联系整体，不能单独靠某一部分的肌肉发力来完成动作。针对相对复杂的技术动作，需要全身不同肌肉群的整体配合才能完成。通过世界男子百米大战可以看出，优秀运动员均重视全身肌肉力量的协调发展，而不是单纯强调下肢或局部力量素质的发展。因此，在发展力量素质的过程中，在发展下肢力量素质的同时也应该加强上肢和胸、腰、背和臀等部位大肌肉群的锻炼，同时也要注重发展核心部位的深层次肌群和其他薄弱小肌群力量。

（二）做好充足的准备活动，训练结束后要及时放松肌肉

在正式参加比赛或训练前一定要做好各项准备活动。通过准备活动可以提高中枢神经系统的兴奋水平，增强机体对大负荷强度刺激的感觉；增强氧运输系统的机能，从而提高工作肌群的代谢水平；此外还可以使体温提高，降低肌肉的黏滞性增加弹性；

让肌肉发挥最大的收缩力量，同时还能有效地预防肌肉损伤。力量训练结束后，由于乳酸的堆积使得肌肉常常会出现充血肿胀的现象。因此，在力量训练结束后要及时采取各种活动性手段、整理活动或保证良好的睡眠、合理的营养补充，以及按摩理疗等方式，使肌肉充分放松。

（三）注意集中注意力，加强安全保护意识

肌肉活动总是在中枢神经系统的调节下进行的，力量练习时要注意集中注意力。充分靠目标肌群有效发力完成动作练习，真正做到使意念活动与练习动作紧密保持一致；练哪里靠哪里发力。这样不仅可以使肌肉力量得到更好的发展，还能降低大负荷练习时的受伤概率。另外，为了加强力量练习的安全性，还应加强学生的自我保护和互相保护意识，在大负荷重量练习时严禁单独训练。在临近力竭时，更应该注意加强同伴之间的保护，预防安全事故的发生。

（四）与专项动作相结合，保证技术动作的规范性

不同的专项动作有不同的技术结构，要求参加工作的肌肉群力量也不同。如投掷类项目要求学生竭尽全力地获得使器械获得最大的加速力量。因此，在力量训练的过程中要根据专项技术的动作结构来选择恰当的练习方法，从而更好地获得发展有关肌群力量的效果。在实际力量练习时，必须按照相关动作的技术规格要求严格进行，否则由于身体姿势的不正确，导致技术动作变形；不仅会影响目标肌群的训练效果还会增加运动损伤发生的概率。例如，在进行杠铃深蹲练习时需要双眼平视前方，始终保持收腹挺胸腰背部挺直，靠大腿、核心部位肌群协同发力。针对大负荷训练要系好腰带，严防弓背的出现。为了进一步加强安全保护，可以在杠铃两侧安排两名保护人员以防腰部损伤。

（五）要掌握正确的呼吸方法

憋气有利于固定胸廓，提高核心肌群的紧张程度，通过有效的憋气可以提高人体在极限状态下完成动作的最大力量。有学者研究发现，人在憋气状态时背力最大为133公斤，在呼气时为129公斤，而在吸气时只有127公斤。尽管如此，也应该注意到过度用力憋气会引起胸廓内压力的提高，使动脉的血液循环受阻，而导致脑贫血，甚至产生休克现象。因此为避免憋气产生不良后果，当短时间内完成最大用力时，应尽量避免憋气，尤其在负荷不大的重复做练习时，更不要憋气。针对初始训练者，应尽量减少极限用力地练习。引导其在练习过程中学会正确呼吸；此外尽量减少在完

成力量练习前做最深的吸气，因为过度深吸气会增加胸廓内的压力从而导致练习效果不佳。

（六）要制订系统的训练计划

根据用进废退的原理，力量素质训练应全年系统安排，不能无故中断。相关研究证明，力量增长得快，在停止训练后消退得也快。但是，发展力量素质练习不宜在疲劳的状态下进行，因为这种状态下的练习主要发展的是肌耐力而不是肌力量；同时可能还存在潜在的安全隐患，至于训练效果更是大打折扣。

力量素质训练应该依据不同人群、不同项目以及训练任务的不同而区别对待，负荷的安排应具有明显的周期性、波浪式特点。力量训练课的次数应根据训练课所处的阶段和周期、需要达到的具体目标、训练者的年龄、性别、身体状况，特别是现阶段的训练水平等做出具体安排调整。需要注意的是在体育高考前半个月内，应尽量少对大肌肉群采用极限负荷的练习。在每次训练中，先安排发展最大力量、速度力量，最后安排力量耐力的练习。

在进行发展力量素质的训练课中应使各全身肌肉群得到充分锻炼。一般按照从下肢肌肉群到核心肌肉群再到上肢和肩带肌肉群顺序进行的练习。根据专项训练动作应先安排复合动作使主要的大肌群得到锻炼，然后再安排孤立动作使局部肌群再得到充分锻炼。

力量性训练作为身体素质的重要组成部分，对体育高考总成绩的发挥起着重要的作用。教练员应该高度重视力量素质的训练，掌握有效的训练方法，确保学生在有限的时间内不断提高训练水平，为体育高考做好充分的准备。

二、速度素质训练

速度素质是指人体快速运动的能力。包括人体快速完成动作的能力和对外界信号刺激快速反应的能力，以及快速位移的能力。现代学生身体速度素质和十年前相比明显不足，学校体育教师、教练员可结合实际提高以下几个方面的认识，加强对学生速度素质的培养，全面提高学生的速度素质从而带动学校体育活动的开展。

（一）速度素质包括反应速度、动作速度和移动速度

反应速度是指人体对各种信号刺激快速应答的能力。动作速度是指人体或人体某一部分快速完成某一个动作的能力。移动速度是指人体在特定方向上位移的速度。以

单位时间内机体移动的距离为评定指标。一位具有良好移动素质的运动员，不一定也具有良好的反应速度。

（二）各项速度素质的训练应明确的问题

1. 反应速度训练应明确的问题

首先，反应速度由神经反射通路的传导速度所决定，基本属于纯生理过程，不受其他因素影响。纯生理过程的提高是相当困难的，很大程度上取决于遗传因素，通过训练可使学生运动员潜在的反应速度能力表现出来并稳定下来。其次，在训练中学生运动员注意力集中与不集中大不一样，运动员注意力集中，可使神经系统处于适宜的兴奋状态，使肌肉处于紧张待发状态，此时，肌肉的反应速度比处于松弛状态时可提高60%左右。这种状态有时间限制，一般适宜时间为1.5秒左右，最多8秒。因此，短跑运动员在预备起跑时，要紧紧地压住起跑器，把思想集中于准备迅速迈出第一步。最后，反应速度的提高在很大程度上取决于运动员对信号应答反应的动作熟练程度。在进行反应速度的训练时，还要经常改变刺激因素的强度和信号发出的时间。

2. 动作速度训练应明确的问题

提高应与掌握和保持正确的技术动作紧密地结合在一起。专门性的动作速度训练与专项比赛动作要求相一致。在使用反复做某一个规定动作为手段发展动作速度时，应合理地变换练习的速度。练习的持续时间一般不宜过长，动作速度的训练强度较大，运动员的兴奋性要求高，一般讲不应超过20秒。练习与练习之间的间歇是由练习的强度所决定的，练习强度大，需要的间歇时间就应长些。但也不要忘记，间歇时间过长导致兴奋性下降，不利于用剩余兴奋去指挥后面的练习，如持续时间5秒、强度达到95%以上的练习，间歇时间以30～90秒为宜。

3. 移动速度训练应明确的问题

第一，测定移动素质的手段常用短距离跑；距离不要过长，可用30～60米的距离；最好不从起跑计时，而测定其全速跑通过某段距离的能力；在运动员不疲劳、神经兴奋性高的状态下测验；可测定2～3次，取最佳成绩。第二，最大步频和快速跑中的支撑时间对运动员的快速移动能力有着重要影响，优秀运动员单脚撑地时间为0.08～0.13秒，普通人为0.14～0.15秒。第三，提高移动速度有两个基本途径：一是力量训练，使运动员力量增长，进而提高速度；二是反复进行专项练习。无论通过哪个途径提高移动速度，训练中都必须重视确定适宜的训练负荷。第四，在训练实践中运动员力量得到提高，并不意味着移动速度马上可以提高，也有适当力量训练负荷减小以后，才有提高，这种现象叫"延迟性转化"。

三、提高各项速度素质的常用手段

（一）反应速度训练常用的手段

信号刺激法，利用突然发出的信号提高其对简单信号的反应能力。运动感觉法，需要经过三阶段。一是让运动员快速地对某一信号做出应答反应，然后教练员把时间结果告知。二是先让运动员估计时间，通过测定进行比较，提高运动员对时间的准确感觉。三是要求运动员按事先所规定的时间去完成练习，这样可以提高对时间的判断能力，促进反应速度提高。选择性练习，具体做法是，随着各信号复杂程度的变化，让运动员做出相反的应答动作。

（二）提高动作速度常用的方法手段

利用外界助力控制运动员的动作速度，在使用时必须掌握好助力的时机，同时还应让运动员很好地感觉助力的时间及大小，以便使他们能独立及早地达到动作速度的要求。减少外界自然条件的阻力，如顺风跑等。利用动作加速或利用器械重量变化而获得的后效作用发展动作速度，借助信号刺激提高动作速度。缩小完成练习的空间和时间界限，如球类利用小场地练习。

（三）提高移动速度常用的手段

首先，发展最高移动速度每次练习的持续时间不能过长，应以使每次练习均以高能磷酸原代谢为主要供能途径，一般地讲，应保持在20秒以内。多采用85%～95%负荷强度，练习的重复次数不应过多，以免训练强度下降。确定间歇时间的长短，应能使运动员机体得到相对充分的恢复，以保证下一次练习的进行。休息时，可采用放松慢跑，做伸展练习。其次，是各种爆发力的练习和高频率的专门性练习，如田径短跑做高抬腿跑、小步跑、后蹬跑、车轮跑等。也可利用特定的场地器材进行加速练习，如斜坡跑和骑固定自行车等。

四、速度训练的基本要求

（1）速度素质训练应结合运动员所从事的专项运动进行，如在短跑项目中应着重提高他们的听觉反应能力，在球类运动中应着重提高视觉反应能力。

（2）速度素质训练应在学生兴奋性高、情绪饱满、运动欲望强的情况下进行，一般应安排在训练课的前半部。

（3）速度提高到一定程度时，常会出现进展停滞、难以提高的现象，称为"速度障碍"。出现速度障碍时，可采用牵引跑、变速跑、下坡跑、带领跑、顺风跑等手段予以克服。

（4）掌握学生的实际身体情况，科学地安排速度训练。由于移动速度具有多素质综合利用的特点，移动素质的发展与力量、耐力等其他身体素质的发展有着密切的关系，因此，对学生进行速度训练的同时，要十分重视全面身体素质的训练。

第二节　耐力素质和柔韧素质训练

一、耐力素质训练

近几年来，国家在推进素质教育的同时，也相当重视学校体育和学生健康，首届全国学校体育工作会议中，提出要把学校体育与开展"全国亿万学生阳光体育运动"作为全面推进素质教育的重要突破口和主要工作方面；在《中共中央国务院关于加强青少年体育增强青少年体质的意见》文件中明确提出要"全面组织实施初中毕业升学体育考试，并逐步加大体育成绩在学生综合素质评价和中考成绩中的分量"。

但近年来，我们国民耐力素质却呈下降趋势且越演越烈，学生长距离跑能力下降、马拉松广州赛就有参赛队员在比赛中猝死的情况等，都说明了这个问题。因此，学校体育作为培养人们养成终身体育习惯的重要途径，贯穿学生学校学习的全过程，我们有必要通过学校体育课堂对学生进行耐力素质训练，增强学生的心肺功能，提高学生的身体素质。

（一）将耐力素质训练融入体育课中的必要性

1. 耐力素质训练可有效促进学生身体素质的发展

耐力素质，是指人体在尽可能长的时间内进行肌肉活动的能力，耐力也可看作是对抗疲劳的能力。长期的耐力练习，可以使大脑皮层长时间保持兴奋与控制有节律的转换，使大脑皮层神经过程的均衡性得到改善，神经细胞的工作能力和支配肌肉活动的各运动中枢之间的协调也能得到改善。特别对提高心血管系统和呼吸系统的机能具有良好的效果。

从小学到初中，再到高中人体都是在不断快速的生长发育中，而不同年龄阶段身体骨骼和肌肉坚实度都有所不同，所以我们要根据学生在不同年龄阶段、不同发展层次的身体特点，有针对性地去培养和加强学生的身体素质，注意控制学生在体育锻炼中的量和强度问题。对中、小学生而言，我们强调的是有氧的耐力性练习要居多，这样更有利于学生身体素质的发展，减少给学生身体带来的伤害。在耐力素质不断提升的同时，也为学生自己所喜欢的一些项目的学习和提高提供有力的体能作为保障，否则一切都是空谈。

2. 耐力素质是保证持续完成任何运动的前提保障

身体素质包括五个方面，即力量、速度、耐力、灵敏、柔韧，在这五项基本素质中，耐力是重要保障。如百米跑后程就要有充足的体能做保障，进行肌肉力量练习做的组数多或做的练习类型多同样也需要耐力做保障。耐力是保证持续完成任何运动的前提保障，有很多爱好者无论是从事球类运动还是其他运动，除了技术，到最后拼的都是耐力，只有身体持续不断地提供充足的体能储备才能更好地发挥自己的能力，才能有更好的精神状态投入一天的学习和生活当中。

成为国家栋梁的人才基本都是从学校这个大门中走出来的，我们在学校体育课的教学中强调耐力素质的重要性，无疑是为社会培养的各个阶层的人才在校期间储备耐力素质的能力，一步一步地从小学、初中、高中、然后到大学，几乎长达20年学校生涯里练就他们健康的体魄、充沛的体能、旺盛的精力，以饱满的精神状态和健康的身体状况投入社会主义各个行业的工作岗位上去，并养成终身体育的习惯，时时刻刻都有一个好的身体基础，良好的锻炼习惯，像一部崭新的机器一样良好地运转起来。由此看来，在学校体育课中，将耐力素质融入其中就显得更加紧迫了。

（二）推动体育课中耐力素质训练的方法

1. 考虑学生运动需要，激发学生的运动兴趣

在体育课程中，采用哪些方法、开展哪些内容去开展和推行耐力素质训练，教师首先要考虑的就是学生的运动需要，激发学生的运动兴趣。

什么是运动需要？就是学生对体育运动的自身价值所产生的趋势，或想掌握某项体育运动技能的一种需要。如何判断学生的运动需要？我们可以从健身锻炼的方向出发，结合体育心理学方面的知识，以及学生的兴趣爱好，考虑他们的情感需要，找出学生的运动动机和运动兴趣所在，通常我们运动是需要得到满足的，一旦满足就会产

生运动的愉悦感，从而激发运动兴趣。所以说，学生的运动需要是其运动兴趣得以激发与培养的源泉。

除运动需要外，融洽的师生关系、现有运动技能水平、运动内容的新奇性与适应性、成功体验的获得，都是影响运动兴趣的主要因素。其中，融洽的师生关系可以保证教师引导学生向健康积极的方向发展。

2. 丰富健身田径运动形式，通过游戏性比赛调动学生运动的积极性

最近几年不断提出了很多好的健身锻炼的方式，如健身田径运动、少儿田径运动、自然环境中的田径运动、趣味性的田径运动等，都是从不同角度和方面去让运动更有价值、意义和趣味。

本节中提到的健身田径运动，也都是结合了田径中最基本的走、跑、跳、投掷等各种技能，既是人类本能的运动基础，也是表现基础运动能力的专门技能，如散步、快走、定时跑、定距跑、走跑交替、跳绳、跳跃游戏等，对参加者来讲负荷适宜、效果全面、条件适宜、终身受益。因此，我们可以通过开展丰富的健康田径运动形式，通过游戏性比赛调动学生的锻炼积极性及对所学的知识、技术的综合运用能力。

3. 进行适宜耐久跑，逐步提高学生的耐力素质水平

适宜距离、强度、速度的耐久跑会给学生身心带来愉悦和欢快。所以耐久跑应以中等强度、保持适宜的时间、确定适宜的距离为前提，提倡个人根据自己的实际情况，确定练习方式和负荷，以个人自我进步度的评价作为控制练习的依据，避免出现因"比赛"和"达标"等约束条件的影响，被动性地超出个人力所能及的练习负荷，造成运动伤害。

在耐久跑中使学生懂得耐久跑的价值与作用，了解跑的正确方式和节奏，能在跑前、跑后进行自我脉搏测量，懂得健身跑的心率应控制在 120~150 次/分钟为宜。体育教师采纳并且执行也可以根据自己学校的实际情况，做到灵活变动和因地制宜，定会收到不断改善提高的效果。

关于跑的正确方式和节奏，教师应给予学生指导。一是要形成正确的跑姿和跑的方法，养成健身跑的习惯。教师可以通过图片、媒体展示或师生讲述与示范，使学生了解并掌握耐久跑的正确动作方式，能够做到动作轻松，步伐均匀，重心平稳。二是要学会呼吸方法和掌握呼吸节奏，这是练习耐久跑的基础要求。13 岁左右的中学生在运动时主要靠提高呼吸频率来增大肺通气量，而呼吸深度增加不多。这与他们胸围较小、呼吸肌力量弱、肺活量小及呼吸调节机能不够完善有关。为此，要在慢跑中有意识地

教会他们正确的、有节奏的呼吸方法，注意加深呼吸的深度是很有必要的。

只要能做到以上几点，并且教师认真负责地去有针对性安排指导学生练习，会慢慢地提高不同阶段学生耐力素质的水平，随着年级的不断提高，耐力素质水平会呈明显的上升趋势，这样也为解决学生中后期体能储备不足找到了解决的办法。

二、柔韧素质训练

科学技术快速发展的今天，人类社会无论是在社会科学上，还是在人文科学上都地得到了前所未有的突飞猛进，这一系列的发展也使我们的生活发生了改变并得到了提高。科学技术的大进步，使得整个社会大发展，当然这也大大提高了体育在世界上各个国家的地位。正因为如此，也使得世界各国更为重视体育运动中的核心地位。

众所周知，柔韧素质是提高训练水平的重要因素之一，柔韧素质的提高不但有利于技术动作很好地完成，而且有利于提高动作质量与动作幅度，其表现为：协调性的不断提高、节奏的增强、运动能力的明显增长等。运动员如果不在柔韧性上做大强度，高效率的训练，那么他们在运动技术运动成绩方面将很难得到更大的提高。因此，必须充分重视柔韧素质，并且科学地进行训练。

（一）柔韧素质的理解

体能是以人体三大供能系统为能量代谢活动的基础，通过骨骼肌的做功所表现出来的运动能力。体能是运动员的基本运动能力，是运动员竞技能力的重要构成因素。运动员身体素质的发展受多种因素的影响。

1. 柔韧素质的概念

柔韧性素质是指各关节活动范围的大小及肌肉、肌腱、韧带等组织的伸展能力。在《牵伸训练》书中"柔韧性"一词是指"正常"范围内的运动能力。

2. 柔韧素质的分类

①与静力柔韧相关的关节在不强调速度的条件下进行拉伸时的运动幅度（ROM）有关，因此静力性柔韧是静力性牵伸的结果。②弹性柔韧性，通常跟摆动、弹起、弹回和节律性运动有关。③动力性或功能性柔韧性是指在以正常速度或快速进行身体活动时运用一系列关节的运动能力。④活动性柔韧性是指没有外力辅助的条件下，由肌肉主动运动时的活动范围。

（二）目前国内对"柔韧素质"研究的文献分析

笔者通过查阅《中国期刊全文数据库》《贵州师范大学图书馆》《贵州数字图书馆》以及大量与柔韧素质相关的文献，发现当前涉及"柔韧素质"的相关文献多数涉及体育运动中柔韧素质的重要作用及地位和体育运动训练中柔韧性的训练方法和手段等领域，关于体育运动中柔韧素质的具体可实施性的对策和建议的文献相对较少。从笔者掌握的文献来看，当前对体育运动中柔韧素质的探讨和研究基本集中在以下几个领域：

1. 柔韧素质在体育运动中的重要作用及地位

赵余骏、许寿生、李燕在《PNF训练对少儿艺术体操练习者柔韧素质的影响》中提到通过对实验组和对照组两组实验结果数据的对比分析和对每名练习者自身的两次数据进行对比分析，得出少儿艺术体操训练者通过系统的训练，PNF训练和传统柔韧素质训练都能使练习者的柔韧素质得到相应的提高。少儿艺术体操练习者柔韧素质训练采用PNF训练法，相比于传统柔韧素质训练的负荷强度而言，相对较小的负重负荷，可以使柔韧素质得到显著提高。拉伸法不仅仅在提高肌肉的柔软性方面有很大的作用，而且也能够很明显提高肌肉发力的柔韧性，可以作为柔韧训练一种很好的方法。静力性拉伸法可以提升柔软性，但在肌肉的柔韧性提升方面却并不是很理想。刚开始柔韧训练可以采用PNF拉伸法和静力性拉伸法进行练习；训练到一定阶段后，可以用PNF拉伸法进行训练，这样子可以便于适应各个阶段的训练需求。

蔡广浩、熊凡在《静力拉伸和动力拉伸对提高柔韧素质的研究综述》中表示，在人们的意识中虽然体现出了静力性拉伸优于动力性拉伸的想法，但是相关方面的研究仍显不足，所以在理论上的支持仍需实验数据的支撑。从搜集的资料来看，大部分研究都集中在练习手段的开发上，专门针对动力和静力练习效果的研究较少。并且由于人们对柔韧素质训练普遍认识程度不够，对训练方法的区分和操作不熟悉，很容易在训练和健身过程中造成运动损伤，影响运动成绩和训练热情。

孙红在《论柔韧素质在跳高运动员身体素质中的重要地位》中指出，身体素质是人体器官、系统机能在肌肉工作中的反映。它是身体发展、体质增强的主要内容，也是一个人健康水平的重要标志。身体素质是从事各项体育运动的基础，是取得优异运动成绩的根本保证。发展和提高身体素质是体育教学训练中的重要任务，是提高运动员运动水平和运动技术的根本保障。运动能力的掌握和提高，良好的身体素质是关键的支柱。因此，身体素质的发展状况对掌握、巩固和提高技能技术、顺利完成教学和训练任务来说是极其重要的。因此，笔者认为柔韧素质在其中起到一个主要作用。

以上三者都对柔韧素质的重要作用及地位从多个角度进行了系统而全面的分析和研究，都较为准确地指出了柔韧素质在体育运动教学和训练中的重要作用和地位，并开展了高深度、多视角的读解。

2.体育运动中柔韧素质的技术教学及运动训练方法方式

陈志刚、董江在《青少年短跑运动员的柔韧素质训练探析》中指出青少年田径短跑运动员广泛存在着柔韧素质比较差的问题，导致了他们在协调性上也较差，在技术动作上的缺点是动作幅度小而生硬，这种情况使他们在运动技术上的提升和训练成绩的增长上也受到了很大的影响。青少年在这个阶段正是生长发育旺盛的时候，年龄的增加会带动身体状态、机能等方面发生很大的变化，因此在青少年时期如果我们能够对运动员制订一系列有计划、有目的性的柔韧素质训练，这将会使他们很快地掌握短跑技术、技能，并且不断提升运动水平。柔韧素质练习的基本方法与手段有以下几个方面：（1）静力拉伸练习法。将平缓的动作保持在静止不动的状态，从而使肌肉、韧带等软组织拉长到一定程度，在这个拉伸过程中，肌肉、韧带能够获得较长时间的刺激，这是这个方法的一个重要特征。（2）动力拉伸练习法。自主拉力运动法是一种屡次重复相同动作的有规律的、相对较快的运动方法。在短跑训练中这种练习方法有个主要特征，就是肌肉强度改变的最大值在自主拉力的时候大概比静力拉伸大两倍。（3）柔韧性练习。常用的方法柔韧性素质练习一般通过以下常用方法：第一，正弓步压腿，这是为了提高腿部后侧肌肉的柔韧性；第二，侧弓步压腿，是为了提高腿部内侧肌肉的柔韧性；第三，后压腿，练习的目的是增加腿部前侧肌肉的柔韧性。在我们的研究中发现，一些运动员往往会忽略其他素质的训练，为了提升成绩只是在速度和力量上进行练习，这种情况也会造成他们的成绩提升受到负面影响，而事实是柔韧素质的好坏程度决定了其他素质的发展，各素质的发挥和利用也受它影响，它是联系各素质间的一种良好媒介。

郭书华在《柔韧素质锻炼方法》中指出柔韧素质是很多体育运动项目必须具备的重要体能之一。针对小学生柔韧素质的提升，采取了一系列方法策略，并收到了好的反馈。其方法策略的训练：（1）吻靴。目的：低弓步压腿，重点训练膝关节的柔韧性。动作方法：训练者一条腿屈膝成半蹲状态，另一腿向前伸直成弓步，脚跟着地，勾脚尖；身体前屈两手抓住前伸的脚尖；两臂屈肘用力向后拉，上体屈髋前俯，头以及下颌尽力去碰触脚尖。控住几秒后上身缓缓抬起，间歇一会儿后做换腿重复练习。

（2）双人拉锯练习。目的：用于提高学生腰背部、腿部后侧和膝关节韧带。动作练习方法：两人一组对面坐地上，脚相对，腿伸直，上体前屈，手相扣前后拉动。（3）扶腿压前屈。目的：提高腰部、腿部柔韧性。动作方法：一人仰卧，两腿并拢，两腿做体前屈，一人扶其腿下压。（4）脚迈过"圈"。目的：提升身体柔韧性，增进腰腹肌肉力量。动作方法：训练人者站立两手相握放体前。身体前屈，左右脚依次从两手臂和躯干成的圈内迈入。当脚都迈出后，两手不松，身体保持正直，两手由臀后侧朝上提起，双手相扣放于身体后面。（5）"马咬尾"伸展练习。目的：训练腰腹部肌肉的柔韧性。动作方法：训练者膝跪于地手撑地，向左扭转脊柱，尽力从肩部看到左侧臀部，左侧臀部可向前轻微移动。几次后，脊柱换方向扭转。（6）钻膝拉手。目的：提高身体柔韧性，拉长肩背部肌肉和韧带。动作方法：训练者站立，双腿膝部外开，腿部成"O"形，身体前屈，手臂从腿部内侧穿进，穿过膝关节后，再屈双肘，臂小腿前，双手放在脚踝前相扣。（7）跨绳比赛。目的：提升身体柔韧性。动作方法：两手握绳于身体前面，两腿从绳上跳过，再跳回来。

张建、史东林、周博、李光军在《三种拉伸方法对于提高艺术体操运动员柔韧素质的实效对比研究》中的研究结果表示：（1）PNF拉伸方法能够有效地提高艺术体操运动员肩关节、髋关节柔韧素质水平。与动态拉伸方法和静态拉伸方法相比，PNF拉伸方法除了在柔韧素质水平的提高方面成果显著外，柔韧素质的训练成绩还能表现出持续性、渐进性提高的趋势。（2）静态拉伸方法对于柔韧素质的改善效果虽然优于动态拉伸方法，但是在提高柔韧幅度与速度方面均落后PNF拉伸方法。（3）动态拉伸方法对柔韧素质能够起到有限的提高，但是保持成绩的能力最差。他们的研究论证指出：（1）证实拉伸训练对改善艺术体操运动员的柔韧素质水平有重要意义。（2）结合前人对柔韧素质的研究成果，丰富动态拉伸、静态拉伸与PNF拉伸三种不同拉伸方法之间的对比研究。（3）丰富艺术体操运动员专项柔韧素质训练手段，证实拉伸训练对改善艺术体操运动员肩、髋关节柔韧素质水平的实效研究，为艺术体操运动员专项柔韧素质训练提供理论参考依据。

以上三者都对柔韧素质的技术教学及运动训练方法方式做了研究、分析与探讨，并都提出多种在体育教学与训练中行之有效的练习柔韧素质的方法方式。

综上所述，从目前的研究成果来看，当前研究体能中柔韧素质的文献大多集中在对柔韧素质的作用、重要性以及地位方面和锻炼方法方式等领域，大致分为体育运动中柔韧素质的重要作用及地位，和竞技体育运动中柔韧素质的技术教学及运动训练方法方式的分析两个方向，但少有关于柔韧素质在学校体育教学中发展的对策和建议的文献。学校体育教学中柔韧素质的发展具体可实施性的对策和建议是非常有必要的，不仅可以对青少年学生的体质发展起到实质性的作用，并使得学校体育课更加便于开展以及开展得更好，而且可以促进学生体育能力的增长，更加便于去学习其他能力。本节试图通过对柔韧素质在当前学校教学中运用的练习方法的现状进行调查与分析，以期找到更多的具体的更好地在体育教学中发展柔韧素质的可实施性建议。

第三节　灵敏素质和协调能力训练

一、灵敏素质训练

原则是人们依据客观事物运动的内在规律而制定，在实践中必须遵循的法则或标准。运动训练原则是依据运动训练的客观规律确定的组织运动训练所必须遵循的基本准则。灵敏素质的训练也有其自身规律，只有遵循这些规律才能系统、有效地发展运动员的灵敏性。根据运动训练的原则结合灵敏素质的特征，笔者依据多年训练实践认为，灵敏性的训练应遵循三大基本原则。

（一）健康安全与竞技需要原则

1.健康安全原则

"以人为本"是现代社会的根本要求，社会的发展是为了人的发展，人类社会创造的一切都应是为了人类全面、自由地发展。体育运动当然也不例外。然而，现代社会的高度发展却使人的发展走向歧途，而体育的发展似乎也没能找到自己的真谛，甚至成为摧残人的事情；竞技体育中不断出现的丑闻，无不体现现代体育比赛中体育道德的沦丧和体育真谛的缺失。人类本身在利益至上的社会或比赛中不但没有受到重视，反而成为社会和比赛的附属品。这背离了社会发展的根本目的，势必导致人类发展的不良后果。

健康安全是一个人生存的基本权利，是人从事体育活动或其他活动的基础。田麦久教授指出，健康是运动员的基本权利，是运动员保持系统训练的重要基础。运动训练以取得运动成绩和提高竞技能力为主要目的，而现代运动训练理论中恰恰缺失了对运动员健康部分的内容。实践中，教练员提倡"三从一大"的训练模式，从思想上提倡、鼓励"轻伤不下火线"，导致运动员的小伤小病更加严重，甚至断送其运动寿命。主流媒体也在舆论上鼓励运动员带伤训练或比赛，甚至把这些行为作为一种精神大加宣扬，让人们觉得只有带伤训练、比赛才是顽强拼搏的表现。这一点国内与国外的差异十分明显。从执教理念上，国外强调运动员的主体地位，对于运动员的伤病，队医会给予充分的评估和建议，而教练员对队医的建议必须予以充分的考虑。有些项目比赛规则规定，运动员不得带伤参加比赛，如美国男子篮球职业联赛规定运动员身上流血时必须进行止血，否则不能参加比赛。而国内强调教练员的主导性，队医的作用仅仅是对运动员的伤病进行简单康复或辅助训练工作，对于运动员能否上场的决定权很小。在训练实践中，国外运动员的自我保护能力较强，训练或比赛中如有伤病，运动员会根据医生的建议配合队医进行治疗，并及时和教练员沟通以便调整训练计划，确保伤病尽快治愈，更快地投入到训练和比赛中。国内提倡运动员带伤训练，导致运动员轻伤变重或变成慢性伤病，最终影响其运动训练。

安全保障是确保运动员免受伤害的关键。在运动训练或比赛过程中，应尽量保证运动员的安全，避免伤害事故的发生。灵敏素质练习对运动员的身体有较高的要求，所以，灵敏性练习一般安排在训练课的前半部分。灵敏性练习前，教练员需调动运动员的积极性、激发运动员的训练动机，在其体力充沛、注意力集中、精神饱满的状态下进行练习，以获得最佳训练效果。另外，应变换练习手段，根据不同阶段或练习重点安排不同的灵敏素质练习手段。例如，沙滩排球运动员在徒手练习时需注意变换动作和改变方向，再结合球进行训练，这样既可以提高其判断能力，也可以根据需要对预判、变向和变换动作的能力进行练习。准备期可以重点发展一般灵敏素质或对三类灵敏素质分别进行训练，逐步提高。比赛期则以专项灵敏素质训练为主。

灵敏性训练也应从运动员的健康状况出发。因为灵敏素质训练是高强度的练习，危险系数较高，与一般的康复性训练有很大不同，运动员在身体状况不好或有伤病的情况下不应参与灵敏性训练。运动员进行灵敏素质练习或测试时，需确保其处在安全的训练环境中。首先，保证训练或测试地面与比赛地面要求一致，包括合适的服装和鞋子。若在硬地上测试要保证地面防滑，运动员应穿着相应的训练服装和防滑的鞋子。其次，有充分的练习空间，确保运动员安全地完成练习或测试。最后，进行灵敏性练习或测试时，运动员应保持注意力集中和良好的状态，防止疲劳的发生。

2.竞技需要原则

竞技需要原则是由项目特征所决定的，教练员应时刻考虑灵敏性训练要满足项目需要，不同项目对灵敏素质的要求不同。简单地将灵敏素质分为一般灵敏性和专项灵敏性不是目的，对专项灵敏性进行深入分析，进而得出专项灵敏素质的练习方法才是关键，使其从能量消耗特征、项目的技术特征和力学特征等方面贴近项目。1988年，苏联训练学专家指出：机体对刺激的适应具有较强的专一性，长期缺乏针对性的训练，无法使机体适应专项的要求，结果必然导致运动成绩的下降。根据竞技需要选择灵敏素质练习方法的依据有供能特点、动作形式和移动的速度等，以便使训练效应更好地转移到专项竞技能力中。如果一个项目需要大量的侧向移动，那么练习中应体现这一需求。例如，沙滩排球训练应根据项目的预判特点、变向特点和动作特点分别进行，达到自动化的程度，这样才能确保灵敏性训练贴近比赛。

（二）适宜负荷与区别对待原则

1. 适宜负荷原则

训练效应的生理基础是人体对刺激的适应，而负荷就是这种刺激。也就是说，任何训练效应的获得必须通过对运动员施加负荷才能实现。必须明确的是，人体的适应能力并不是无限的，在训练过程中当人体的适应能力正向发展时，常伴随运动成绩的提高；而当人体难以适应持续的负荷时，常伴随运动成绩的下降。所以，对负荷的控制已成为运动训练学研究的焦点，灵敏素质的训练同样存在运动负荷的问题。

运动负荷主要强调运动量、运动强度及间歇时间。进行灵敏素质训练时，对强度的控制，教练员可以通过运动员完成练习所用时间（一般情况下如果练习的速度降低10%以上，应停止灵敏性练习，说明疲劳开始发生，并且功率下降）和监控运动员心率来间接评价。有经验的教练员还可以通过观察获得重要信息，如运动员动作技能下降，特别是制动时动作不稳、制动能力下降时，应考虑延长间歇时间或停止灵敏性训练。

2. 区别对待原则

区别对待原则是指在运动训练过程中，根据运动员的特点、训练水平，因人而异地制订训练计划和安排训练负荷。进行灵敏素质训练时也应考虑区别对待的原则，因人、因时、因项、因地制宜地进行练习，才能获得良好的训练效果。

灵敏素质训练中区别对待原则的执行需做到如下几点。首先，根据运动员的特点进行灵敏性练习，不同训练水平的运动员，应采用不同的练习方法和负荷。如有些运动员灵敏性表现不好，可能是由于预判不足，抑或是移动变向能力或变换动作的能力不足，练习时应根据运动员的不同情况分别进行训练。其次，不同项目运动员灵敏素质的要求不同，这已在竞技需要原则中进行了阐述，在此不再赘述。最后，处在不同训练阶段的运动员应安排不同的灵敏素质训练内容。开始阶段应注重基本脚步或身体控制能力的练习，如冲刺跑、后退跑、侧滑步和起动、制动、变向等基本移动能力和控制能力，为后继的灵敏性训练打下基础。如果运动员能很好地控制平衡和身体重心，并能快速移动，将会增大其获得成功的概率。随后可进行一些与专项相关的灵敏素质的移动步法练习，若是需要器械的项目，还可结合器械进行移动变向和变换动作的练习。当达到一定程度后，可以结合专项运动场景进行必要的预判和快速反应练习，并使之达到自动化的程度。

（三）全面发展与敏感期优先原则

1. 全面发展原则

全面发展是指在灵敏素质训练过程中，应全面提高运动员的观察判断能力、变换动作和改变方向的能力及身体控制能力。观察判断能力、变换动作和改变方向能力是灵敏素质不可分割的三种属性，将灵敏素质进行分类，并单独对某一属性进行研究，是为了更深入地探讨该属性的特点，因为不同能力具有不同的表现形式。但决不能因此而忽视了灵敏素质的完整性，只有将这三种能力统一起来进行多维度的考察，才能更加准确、完整地把握灵敏素质的真意。在运动情境中任何一方面的能力存在不足，都会影响运动员灵敏性的整体表现。

观察判断能力的培养。结合运动实践提高运动员的观察能力，通过更加广阔的视觉追踪策略，获取更多的有效信息，巩固视觉搜寻的结构模式，加强对细微动作的辨别能力，形成运动记忆加以存储，以提高判断的准确性和速度。研究表明，视觉注意力可以不经过眼动而得到加强，并且控制视觉搜索的任务和结构似乎可以储存在记忆里，"双眼紧盯着球"的模式似乎不是处于最佳竞技状态的运动员喜欢的模式。大量研究表明，观察判断能力的训练可以有效地提高运动员的意识和决策能力。

变换动作能力的培养。全面发展运动员的技术动作（专项技术和非专项技术）。实践表明，学习掌握的技术动作越多、越熟练，建立的暂时性神经联系就越多，不仅表现出学习新动作技术快，更表现出技术运用灵活且富有创造性的特点。

改变方向能力的培养。全面学习多种移动步法，起动、制动、变向身体姿势与重心的控制，起初可以学习一些简单的闭链式移动动作，然后增加一些简单的刺激，并逐渐增加难度，包括刺激的难度和动作、方向的难度，有效提高运动员的变向能力。

灵敏素质由上述三部分构成，但并不是上述内容的简单相加。如果发现一种练习方法运动员练习起来较困难，应重点练习而不是将其调整为已熟练的练习动作。

2.敏感期优先原则

身体素质的发展过程不仅是一个持续稳定的变化过程，而且存在着增长速度特别快的过程或阶段，人们习惯将这一过程或阶段称为身体素质发展的敏感期。判定标准为年增长平均值加一个标准差作为临界值，增长速度大于或等于临界值的年份为该素质的敏感期。一般素质敏感期都有两个：迅速发展期和较快发展期。抓住敏感期进行针对性的训练能提高训练的有效性，达到事半功倍的效果。

研究指出，灵敏性发展的敏感期在7~12岁苏联相关研究中指出，7~10岁灵巧性高度发展，7~12岁反应速度提高幅度最大，6~12岁是培养节奏感的好时机，7~11岁是发展空间定向能力的最佳时机，动作速度4~17岁发展最快，女子9~12岁，男子9~14岁是发展平衡能力的最佳时期。这些都与灵敏性有关，这些能力的提高会对灵敏性的提高带来帮助。

运动训练过程中强调灵敏素质敏感期训练，但绝不是强调灵敏性的训练只有在灵敏性发展敏感期才进行。国内不少教练员认为，灵敏性应在青少年阶段进行训练，成年后就没有时间练习这些内容。相反，灵敏性在成年阶段应该受到重视。国外研究指出，对灵敏性的训练应该贯穿运动员训练的整个过程，因为神经适应过程可以通过长时间的不断重复得到发展。另外，与灵敏有关的很多素质，如速度、力量、功率、柔韧、平衡等均可以通过科学系统的训练得到提高。

灵敏素质的训练要符合运动训练的基本规律，但灵敏素质自身的特点决定了其训练规律具有特殊性。根据灵敏素质的特点和运动训练的规律将灵敏素质的训练原则归结为：健康安全与竞技需要原则，适宜负荷与区别对待的原则，全面发展与敏感期优先原则。

二、协调能力训练

在人体综合性的运动素质中，最重要的一项就是人体的协调能力，人体协调能力的强弱决定着一个人运动素质的高低，通过培养人体的协调素质来提高身体的协调性，可以提高人体体能、人体技能及人的心理能力，以便达到更好的训练目的和效果。目前，可以通过对人体运动各个方面的分析来提高人体的协调性，通过分析制定出提升运动人员身体协调性合理、科学的训练方案。

（一）分析人体运动协调能力的特征

运动协调能力是指运动员的机体各部分活动在时间和空间里相互配合，合理有效地完成动作的能力。《运动训练学》中指出"运动素质是人体体能的重要组成部分，是机体在活动时所表现出来的各种基本运动能力，包括力量、耐力、速度、柔韧和灵敏等。它们之间都有各自相对独立的作用，又有着密切联系，彼此制约、相互影响，其中每一个因素的水平，都会影响体能整体的水平"。肌肉的活动要通过运动来实现，运动中的战术、技术及运动素质等都要通过肌肉活动来表现，所以力量素质是运动的基础。

在每日的基本训练中，运动者在剧烈的肌肉训练时，通过神经活动也可以调节和控制肌肉活动。我们从外观来看，力量训练是通过肌肉的活动来实现的，但从实际角度出发，从生理学方面来看，身体协调性是人的神经系统在起作用，神经系统接受感受器时由于外部环境或者自身体内的刺激通过身体内的神经系统传播到大脑皮质区域，从而调节肌肉的张弛与伸缩活动。运动协调能力本身是一种重要的智力，在运动中对神经系统的刺激、对大脑的发育是有着积极的重要的意义的，通过练习掌握运动技能，细化肌肉协调的能力，它反映的是一种精细的感觉，同时反映的也是一种对外部刺激的分析和综合能力。

（二）分析人体运动协调能力的主要制约因素

1. 遗传因素

运动能力的各种组成性状是由遗传因素和环境因素共同决定的。一般来说，不明原因性协调能力差，绝大部分都是由遗传因素导致的，遗传因素决定了运动者运动能力起点的高低，遗传因素与人体协调能力有着紧密的联系。人的身体在运动过程中，身体能够完成非常复杂的运动技术动作，这与人的神经系统中的功能水平存在着较为密切的联系，所以说人体协调能力与神经系统中的功能水平关系极大，人体的神经系统功能是先天形成的，它很难被外界或者自身体内的因素所影响，所以说神经系统的功能不易受到后天的改变，先天的遗传原因制约着人体协调能力的发展水平。

2. 大脑皮质下中枢神经系统

所谓"闻道有先后"，运动技能有些人做起来相对简单，有些人相对难，就像很多人的身体运动协调能力都是先天发育决定的，但是仍然有不少的人经过后天不懈努力的运动训练，提升了自己的身体协调能力。在人体的运动机体内，要想完成较为复杂的运动技术动作，仅仅依靠大脑的皮质或者神经系统的调节是不完整也是不准确的，这还要取决于皮质运动区域内的抑制与兴奋过程灵活地转换支配身体机能来完成，只有这样才能完成高难度而又复杂的运动技术动作。如果人体的传导机能和反射机能出现障碍，人体的协调能力就会受到制约。

3. 感官系统机能

感官是指能够感受外界事物刺激的器官，它包括眼、耳、鼻、舌、身等。人身体的各部分都存在有感受器，它们在受到外部环境或者自己身体内的刺激时会通过身体内的神经系统传播到大脑皮质区域，经过大脑皮质区域的综合分析，找到解决方案从而调节身体的机能。人在运动时，感受器也开始了它的工作，时刻准备着接受身体发出的信号，它们之间有很复杂而又微妙的关系，感受器作为神经系统调节的各个效应器官，为了使身体能够更好地运动提供了桥梁，身体能够更有效、正确地完成运动技术动作。感官系统具有很好的灵活性，它们能够为人体的肌肉和肝脏器官提供最为重要的支撑。

4. 运动技能的储存数量

一个人如果有丰富的运动技能储备，并且拥有高水平的运动技能，就能够轻松地建立起新的条件反射，也能够更快地接受并且掌握更高难度而又复杂的运动技术动作；与此同时，其身体协调能力也能够很好地得到提升。大脑皮质支配着人体的肌肉活动，也可以这样说，大脑皮质支配着人体的各项运动。人们对身体素质的理解就是人体肌肉活动的能力，一个人的速度、耐力、力量、灵敏与柔韧性都比较好就说这个人的身体素质好，也可以说运动素质好。随着运动素质的发展，人体机能的能力也在不断地增强和扩大。随着运动技术水平的提高，我国的运动机能也有很大的提升和创新，并且技术掌握的熟练程度也大步提升。人体的运动技能之所以能够改进、发展和提高，这都归功于大脑皮质活动的反应，是基于大脑神经在运动条件反射时做出的建立、巩固和分化。

人体运动技能的形成归功于条件反射的建立。运动技能的储存数量越多，越能顺利地建立新的条件反射，掌握新的运动技术动作，人体会表现出较为良好的运动协调能力；反之，运动技能储备不足，人体就会表现出较差的运动协调能力。

5. 其他运动素质的发展水平

人体协调能力还受其他运动素质发展水平的影响，其他运动素质包括柔韧性、灵敏性、力量、耐力、速度、身体平衡力、技术动作纯熟度等。例如柔韧性，它是指人体关节活动范围的大小以及跨过关节的韧带、肌腱、肌肉及其他组织的弹性和伸展性，发展柔韧性素质，身体柔韧性不好的运动人员，关节活动范围较小，跨过关节的相关组织的弹性和伸展性较差，他的柔韧性就制约着身体协调性的发挥。灵敏性，是指在人体突然运动的条件下，准确、敏捷而又快速地完成技术动作的能力，它是一种运动技能综合性表现的运动素质。灵敏性较差的人，运动反应较慢，身体协调性较差，但是通过转身突然跑、倒退跳远、躲闪跑、快速启动、急停练习等灵敏素质的练习能够有效地提高人体的协调能力。平衡能力分为两种：一种是静态平衡，如坐位、站立位等在一定范围时间内对身体姿势平衡的维持；另一种是动态平衡，如走、跑、跳等运动中的身体维持，平衡能力不足会导致运动发展迟缓，从而影响人体的运动协调能力。

（三）人体运动协调性训练法

不习惯运动技术动作的各种身体练习，反向完成动作，如右手换左手实践。改变已习惯技术动作的速度和节奏，如做多组小跑、慢走、变换跑的练习等。还可以通过玩游戏的方式完成复杂的运动技术动作，如穿插一些技术动作的慢动作练习。创造性改变完成动作方式练习，可以采用不习惯组合的动作，使用已经掌握的技术动作做一些更加复杂的组合训练。改变技术动作的空间范围，适时用信号或有条件刺激使得运动人员做改变动作各种方式的练习。循环训练法，根据训练的具体任务，建立多组练习站、练习点的训练，运动人员应当按照规定的顺序、路线，依次循环完成每站所规定的练习内容和要求的具体训练方法。

一个人的协调能力越集成，协调性训练法的使用频率越要高，但是，如果是一米八以上的人，技术动作仍不协调，协调性训练频率也要高。在准备时期，每周的训练频率为2~3次较为合理，动作项目至少10项，每项动作的练习次数至少3次以上才能达到锻炼身体协调能力的效果，在做训练前必须要深刻了解自己的身体情况是在哪些方面不协调的，要针对自己身体不协调的方面，适时了解和掌握训练方法并学习相关理论知识，进行科学合理的锻炼。杜绝盲目的训练，否则，不但没有锻炼效果反而会伤害到自己的身体，因为每种训练方法所适合的协调感是不同的。在进行协调能力训练的同时也需要发展其他运动素质，从而更有效地改善身体的协调能力。

关于一个人运动协调能力的强弱，与人体的竞技能力有着密不可分的关系，协调并不是单一的力量、速度、柔韧性等运动素质的表现，而是这几种因素的综合表现，并且，一个人拥有高度发达的感觉器官和神经系统，能够协调复杂的机能活动和适应多变的运动环境。研究表明，制约人们身体协调能力的因素主要有以下几种：一是遗传的原因，二是大脑皮质下中枢神经系统的支配机能，三是人体感官系统机能的灵敏性，四是运动技能的储存数量，五是其他运动素质的发展水平等。

体育运动的目的是通过运动来进行人体运动素质的训练，身体协调是体育运动的灵魂，只有身体协调了，人体的肌肉才能依赖大脑神经系统的支配发挥其作用。一个人运动协调能力的提升和发展能够大大提升身体的锻炼效果，能够纠正错误的运动技术动作，还能够提升各个技术动作之间的协调性，并且在提升心理素质方面也有非常可观的效果，还能够附带表现力、注意力、观察力以及自信心等个人能力的提高，从而在运动比赛过程中发挥更好的作用和效果。

参考文献

[1] 吉丽娜，李磊. 高校体育教学与训练理论实践探究 [M]. 北京：地质出版社，2017.

[2] 丁勇春. 高校体育教学理论与实践研究 [M]. 北京：海洋出版社，2019.

[3] 王俊鹏. 高校体育教学理论与实践研究 [M]. 长春：吉林科学技术出版社，2019.

[4] 李梅，李娜. 高校体育教学理论与实践研究 [M]. 长春：吉林大学出版社，2018.

[5] 武勇成，史明，额尔敦朝格图. 高校体育教学理论与实践探索 [M]. 北京：现代教育出版社，2016.

[6] 仇亚宾，卢臣，万海英. 现代高校体育教学理论与实践性研究 [M]. 北京：九州出版社，2017.

[7] 蒲艳，韩柳，祝瑞雪. 高校体育教学理论与实践系统化指导教程 [M]. 北京：中国原子能出版社，2016.

[8] 郑立业. 高校体育教学理论探究与实践 [M]. 北京：中国原子能出版社，2020.

[9] 尹亚晶. 新时期高校体育教学改革理论与实践探索 [M]. 长春：吉林人民出版社，2018.

[10] 贺小花. 高校公共体育教学理论与实践创新研究 [M]. 上海：上海交通大学出版社，2017.